MIRJAM, DIE KLEINE ARABERIN

SR. EMMANUEL MAILLARD

Mirjam, die kleine Araberin

Ein Leben voller Wunder

2. Auflage 2017
© Miriam-Verlag • D-79798 Jestetten
Alle Rechte der deutschen Ausgabe liegen beim Miriam-Verlag.
Satz und Druck: Miriam-Verlag
www.miriam-verlag.de
Printed in Germany
ISBN 978-3-87449-400-7

Inhaltsverzeichnis

I. Die kleine Araberin 7

II. Mirjam, das Prophetenkind 5̲

Zitate und Ratschläge von Mirjam 85

Die Obduktion von Mirjams Körper 91

Lebensdaten von Mirjam 92

Bibliografie 93

Mirjam als junge Ordensfrau

I. Die kleine Araberin

Welche Freude, Mirjam von Betlehem zu kennen und sie bekannt zu machen! Für gewöhnlich *die kleine Araberin* genannt, mit dem Ordensnamen *Schwester Maria von Jesus dem Gekreuzigten*, wurde sie am 13. November 1983 von Papst Johannes Paul II. seliggesprochen. Ihr Leben war ein wahres Epos, eine Geschichte des Sieges vom Licht über die Dunkelheit, vom Licht des Heiligen Geistes über die Übel in dieser Welt. Ein wunderbares helles Licht, wie wir es heute so dringend brauchen. Mirjam war jung, einfallsreich und originell. Sie ging auf völlig unkonventionellen Wegen, was besonders erstaunlich ist, da sie nie lesen und schreiben gelernt hatte. Sie ist eine Abenteurerin erster Klasse, aber auch eine gute Freundin.

Und trotzdem führte sie ein Jahrhundert lang ein Schattendasein. Es bedurfte unseres geliebten Johannes Paul II., um sie aus der Vergessenheit zu holen. Wenn die Kirche sie uns jetzt vor Augen führt, so ist dies vor allem ein Sieg im großen Kampf gegen die Finsternis, eines Kampfes gegen das Vergessen. Dies erinnert uns an Schwester Faustyna Kowalska, die im dritten Jahrtausend als erste Frau heiliggesprochen wurde. Auch sie war zunächst mit ihren Schriften unbeachtet geblieben, bevor Johannes Paul II. sie der ganzen Welt bekannt machte.

Wir müssen dem Leben und der Botschaft von Mirjam große Bedeutung beimessen. Denn nach diesem langen Schattendasein hat das, was jetzt augenfällig wieder zum Vorschein kommt, bereits viele gestärkt und erleuchtet, die um jeden Preis nach der Wahrheit suchen, besonders aber die Jugend. Wir können es als Vorsehung betrachten, dass Mirjam so lange unbekannt geblieben ist, denn dadurch wirkt ihre Botschaft heute um so stärker.

Ich spreche hier von einem Sieg, weil Mirjam in ihrem Leben schwere Kämpfe bestehen musste. Vom Himmel erhielt sie wunderbare Gnaden, die sie darin stärkten. Oft musste sie sich mit Satan persönlich auseinandersetzen – in ihren Lehren klärt sie uns deshalb besonders über diesen geistigen Kampf auf.

Eine kleine Anekdote

Während meines Aufenthaltes in Israel erfuhr ich von dieser kleinen Schwester und war sogleich von dem Ausmaß des geistigen Kampfes ergriffen – ja betroffen. Ein Priester aus Betharam, Pater Jeangrand (†), hielt sich im Jahr 1977 ebenfalls in Nazaret auf. Er war Seelsorger im dortigen Karmeliterkloster und besaß ein tiefgehendes Wissen über Mirjam, die er auf rührende Weise verehrte. Wenn man Pater Jeangrand über Mirjam erzählen hörte, so meinte man, direkt mit dem Himmel verbunden zu sein! Mein Herz hüpfte vor Freude. Er lieh mir ein wunderbares Buch über Mirjam, das von ihrem geistlichen Vater, Pfarrer Estrate, geschrieben worden war. Da dieses Buch (auf Französisch) nur schwer zu finden ist, bat er mich: „Schwester Emmanuel, geben Sie gut auf dieses Buch acht. Behandeln Sie es wie Ihren Augapfel!" Ich versprach ihm, ganz besonders gut darauf aufzupassen.

Auf dem Weg nach Hause hielt ich bei einem Lebensmittelgeschäft an, um etwas Brot für die Gemeinschaft einzukaufen. Als ich zum Auto zurückkam – war das Buch verschwunden!

Nach Hause zurückgekehrt, nahm ich einen Bruder mit, um nach dem Buch zu suchen. Als wir zum Geschäft kamen, fanden wir das Buch in tausend Fetzen zerrissen in einem Graben liegen. Es schien, als ob jemand es in einem Wutanfall hatte vernichten wollen. Wir bemerkten auch, dass ein Auto darüber gefahren war. In diesem Augenblick erkannte ich die Wut, die das Reich der Finsternis auf die kleine Mirjam hatte, und dies machte sie mir sehr sympathisch! Als ich Pater Jeangrand den Verlust des Buches beichtete und ihm erklärte, wie es behandelt worden war, meinte er: „Ja, das ist sehr betrüblich! Das beweist aber, dass Mirjam Sie sehr liebt, Schwester Emmanuel! Und dass der Feind Sie nicht mag!" Diese Episode bestätigte mir, wie wichtig es ist, der Botschaft unserer kleinen Araberin auf den Grund zu gehen und zu hören, was sie uns zu sagen hat.

Tochter Galiläas

Mirjams Geschichte begann etwas ungewöhnlich: Ihre Eltern, halb Libanesen, halb Syrer, waren sehr arm. Sie hatten sich in dem kleinen Dorf Ibllin in Galiläa niedergelassen, das etwa eine halbe Stunde von Nazaret entfernt liegt. Ihr Vater, Herr Baouardy, stellte Sprengpulver für Dynamit her. Übrigens, sein Name bedeutet „der, der Pulver macht". Die Armut der Familie betraf vor allem den materiellen Bereich, denn die Baouardy waren reich in ihrem starken christlichen Glauben. Sie nahmen treu am Leben ihrer griechisch-katholischen Kirchengemeinde teil.

Die Baouardy hatten nacheinander zwölf Söhne, die aber allesamt starben, entweder gleich nach der Geburt oder als sie noch sehr jung waren. Stellen Sie sich diese

Eltern vor, die davon träumten, eine große christliche Familie zu gründen und all ihre Kinder, eins nach dem anderen, sterben sehen mussten! Diese Prüfung war für sie äußerst grausam. Nach dem zwölften Todesfall ermutigten sie einander und entschieden, etwas zu unternehmen: „Pilgern wir nach Betlehem und bitten wir die heilige Jungfrau um ein kleines Mädchen. Wir werden uns zu Fuß dorthin begeben und die Mutter Gottes dort anflehen, wo sie den Sohn Gottes auf die Welt gebracht hat!"

Also gingen sie nach Betlehem! Gläubig und inständig betend, versprachen sie, dem Herrn Wachs entsprechend dem Gewicht eines dreijährigen Kindes zu opfern. Kurz nach der Opfergabe wurde Mirjam empfangen. Sie wurde ohne Schwierigkeiten am 5. Januar 1846 geboren.

Die Macht der Fürsprache

Da wir gerade bei diesem Thema sind, will ich hervorheben, wie vorteilhaft es für Paare ist, beim Herrn für ihre ungeborenen Kinder Fürsprache zu halten. Noch bevor es im Mutterleib empfangen wird, besteht jedes menschliche Wesen bereits im Gedanken Gottes, in Seinem Schöpferherz. *„Noch ehe ich dich im Mutterleib formte, habe ich dich ausersehen, noch ehe du aus dem Mutterschoß hervorkamst, habe ich dich geheiligt"*, sagt der Herr zum Propheten Jeremia (Jer 1,5). Durch ihr Gebet können Paare bereits großen Segen auf ihre kommenden Kinder herabrufen.

So erkennen wir in der Geschichte der Christenheit eine Art Netzwerk von Segnungen in bestimmten Familien. Das ist auch in der Geschichte des jüdischen Volkes deutlich erkennbar. „Ich habe dir dieses gegeben, ich habe dir jenes zugeteilt", sagt der Herr zu bestimmten Personen in der Bibel, „deiner Väter wegen!" Eltern können die Heiligkeit ihrer Kinder vorbereiten und erwecken. Die kleine Mirjam ist dafür ein sehr schönes Beispiel, denn dieses Mädchen wurde bereits vor seiner Empfängnis der Jungfrau Maria anvertraut. Ich glaube, dass die Heiligkeit der kleinen Mirjam in dem Gebet ihrer Eltern begonnen hat. Ihr Leben erhielt sie durch die Fürsprache der Mutter Gottes, und die kleine Mirjam wird sich ihr ganzes Leben lang eines starken Schutzes durch Maria erfreuen.

Das erste Herzeleid

Mit drei Jahren war Mirjam bereits eine Vollwaise. Sie hatte einen kleinen Bruder, der etwa ein Jahr nach ihr geboren wurde. Sein Name war Paul, auf Arabisch *Boulos*. Als ihr Vater und ihre Mutter im Abstand von nur wenigen Tagen starben, wurden die Geschwister getrennt. Im Mittleren Osten der damaligen Zeit gab es keine Waisenhäuser. Es herrschte dort der Brauch, dass ein Kind, das seine Eltern verloren hat, von einem Onkel, einer Tante, einem Cousin oder einem anderen nahen Verwandten aufgenommen wurde.

Zuerst starb der Vater von Mirjam. Als er spürte, dass seine Zeit gekommen war, nahm er Mirjam in seine Arme und betete zum heiligen Josef: „Großer Heiliger, sieh da dein Kind; die heilige Jungfrau ist seine Mutter; nimm auch du es unter deinen Schutz und sei ihm Vater." Nach diesen Worten entschlief er sanft.

Es ist wirklich verblüffend, welch wichtige Rolle der heilige Josef im Leben Mirjams spielte. Mehrmals in ihrem Leben hat sie der heilige Josef besucht, um sie zu lehren oder zu beschützen. Wie schön ist es, die Heiligen am Werk zu sehen und zu erkennen, wie sie sich an die geliebten Menschen, die wir ihnen anvertraut haben, erinnern. Sie erinnern sich selbst viele Jahre nach dem Gebet daran, auch wenn wir selbst dieses Gebet vergessen haben.

Mit drei Jahren wurde Mirjam nun einem ihrer Onkel anvertraut, der auch im Dorf Abellin (arab.: Ibllin) lebte. Dieser Onkel war finanziell viel besser gestellt als die Eltern Baouardy. Der kleine Paul wurde einer anderen Familie in einem anderen Dorf anvertraut. Nach der herzzerreißenden Trennung sollten die beiden Kinder sich nie wiedersehen.

Die erste Berufung

Dann geschah etwas, was beschreibt, wie Mirjams Seele von ihrer frühen Kindheit an zum Herrn erhoben wurde. Da sie sehr naturverbunden war, tollte sie oft draußen herum. Sie liebte es, die Schöpfung bewundernd zu betrachten, sie hatte die Seele eines kleinen heiligen Franziskus, stets bereit zu staunen! Sie beobachtete die Bäume, die Tiere, den Himmel, die Erde. Übrigens, als sie später von den Dingen Gottes erzählte, war ihre Sprache immer voller Parabeln, die durch die Natur inspiriert waren, genauso wie die von Jesus!

Sie hatte u. a. beobachtet, dass sich Vögel nie waschen. Da bekam sie in ihrem kindlichen Herzen Mitleid mit diesen armen Geschöpfen, und sie entschied sich eines Tages, ihnen diesen Dienst zu erweisen. Sie nahm einen Vogel und fing an, ihn kräftig unter Verwendung von Seife zu bürsten, dann tauchte sie ihn ins Wasser, um ihn abzuspülen. Kurz gesagt, das arme Tier ging davon ein.

Der Gedanke, dass sie den Tod dieses kleinen Wesens verschuldet hatte, traf sie zutiefst!

Während sie den Vogel im Garten begrub, stieg eine Stimme in ihrem Herzen empor, eine sehr sanfte und doch sehr starke Stimme, eine Stimme, an die sie sich ihr Leben lang erinnern wird. Diese Stimme sprach zu ihr: „Alles vergeht! Gib mir dein Herz, so werde ich stets dein Eigen bleiben."

Dies war das erste Mal, dass Jesus zu ihrem Herzen sprach. Wir wissen: Wenn Gott etwas sagt, ist es beschlossen! Aufgrund dieser Worte, die sie in ihrem tiefsten Inneren vernommen hatte, entwickelte Mirjam einen starken Sinn für die Vergänglichkeit der Dinge. „Du siehst, dass alles vergeht!", hatte der Herr zu ihr gesagt. In diesem Moment schien sich Mirjam von allem losgelöst zu haben, obwohl sie noch sehr jung war, vielleicht fünf oder sechs Jahre alt! Und in diesem Augenblick schenkte sie Jesus ihr Herz, ohne natürlich zu wissen, wozu sie sich verpflichtete. Aber, vor die Wahl gestellt, zwischen dem, was vergeht und dem, das nicht vergeht, verstand es Mirjam, das Unvergängliche zu wählen. Sie entschied sich an diesem Tag für die ewigen Dinge, für diejenigen, die uns nicht genommen werden können.

Das erklärt vielleicht, warum Mirjam schon in jungen Jahren, als sie noch nicht einmal sechs Jahre alt war, anfing, an Samstagen zu Ehren der heiligen Jungfrau zu fasten. Sie begann auch, Bußübungen zu machen und ihren Körper zu kasteien, alles ohne Wissen ihrer Angehörigen. Sie aß absichtlich Dinge, die sie am wenigsten mochte, und verzichtete auf Gerichte, die sich nur Wohlhabende leisten konnten. Woher kam dieser Sinn für das Fasten im Leben dieses Kindes? Er kam daher, dass Mirjam sich die Dinge des Himmels zu Eigen machen und ihre Loslösung von den vergänglichen Dingen zum Ausdruck bringen wollte. Diese Einstellung ihres Herzens wurde in ihrem späteren Leben nur noch stärker.

Jesus hört den kleinen Kindern zu

Ich möchte diesen Moment hervorheben, als Mirjam ihr kindliches Herz Jesus schenkte. Wenn sich jemand von einem Leben der Sünde abwendet, sagt er oft: „Als ich ganz klein war, als ich vier, acht, zwölf Jahre alt war, verspürte ich eines Tages den Drang, zum Herrn zu sagen: ‚Ich schenke Dir mein Herz! Ich gebe Dir mein ganzes Leben. Ich möchte mein ganzes Leben lang mit Dir verbringen. Ich möchte bei Dir sein!' Dann habe ich es vergessen. Später habe ich mich gegen die Kirche und gegen den Herrn aufgelehnt, ich habe alles in die Ecke geschmissen, ich habe wie ein Heide gelebt." Wenn ich so etwas höre, ergreift mich das immer wieder zutiefst. Der Herr erinnert sich an diese Kindergebete, Er ist treu! Und eines Tages, obwohl wir schon lange nicht mehr an Ihn gedacht haben, bringt uns ein unvorhergesehenes Ereignis aus dem Gleichgewicht und der Herr kehrt in unser Herz zurück.

So erging es Olivier. Mit elf Jahren hatte er eine Begegnung mit Jesus in seinem Herzen. Damals hatte er gesagt: „Herr Jesus, ich schenke Dir mein Leben! Ich gebe mich Dir!" Dann, nach ein paar Monaten, hatte er alles vergessen. Er fiel sogar ganz vom Glauben ab. Später war er viel unterwegs und führte ein sündiges Leben. Er beschäftigte sich sogar wenig ruhmreich mit dem Okkultismus. Und inmitten dieses Übels fing ihn der Herr wieder auf. Als

14

Olivier wieder zu Gott zurückgekehrt war, erinnerte er sich an sein Kindergebet. Er weinte vor Freude. Was er selbst vergessen hatte, daran hat sich der Herr erinnert!

Der Herr wird sich auch an die kleine Mirjam erinnern, die Ihm mit fünf Jahren ihr Herz schenkte! Er wird diesem aufrichtigen und unschuldigen Opfer treu bleiben und sie an Seiner Hand führen.

Die Geschichte vom Fisch

Von zartem Kindesalter an war Mirjam zur Prophetin berufen, dazu, eine Stimme zu sein, die sich in der Kirche erhebt. Die Geschichte vom Fisch zeigt uns, dass sie schon sehr früh die Gabe erhalten hatte, in den Herzen zu lesen und manchmal das Unsichtbare zu sehen.

Eines Nachts hatte Mirjam einen Traum: Sie sah einen Mann an der Haustür ihres Onkels auftauchen, um einen Fisch anzubieten. Sie gewahrte aber auch, dass dieser Fisch vergiftet war und dass dieser Mann die ganze Familie töten wollte. Am anderen Morgen – welche Überraschung – stand doch tatsächlich ein Mann vor der Tür! Dank des Traumes erkannte sie ihn sofort. Der unbekannte Besucher bot der Familie einen dicken Fisch an.

Entsetzt erzählte sie ihrem Onkel von dem Traum, aber alle lachten sie aus: „Kinderblödsinn!" Der Fisch wurde serviert. Da bat Mirjam darum, zuerst einem Hund von dem Fisch vorzuwerfen. Da sie ihre Beharrlichkeit sahen, überlegten der Onkel und die Tante: „Hm, vielleicht sollten wir doch vorsichtig sein." Als der Hund an dem Bissen verendete, erkannten sie, dass der Fisch vergiftet war. An diesem Tag wurde ihnen klar, dass Mirjam ein ganz besonderes Kind ist: Sie hatte die ganze Familie gerettet.

Die Geschichte von der Schlange

Eines Tages saß Mirjam in der Küche und aß ihren Brei, ganz allein. Auf einmal kroch eine große Schlange langsam auf sie zu, schlängelte sich hinauf auf den Tisch und fing an, aus Mirjams Teller zu fressen. Beim Anblick der Schlange fiel Marjam keineswegs in Panik – höchstwahrscheinlich war sie sich der Gefahr gar nicht bewusst – sie packte sogar den Kopf der Schlange, um ihr zu helfen, tauchte ihn in den Teller und begann, gemeinsam mit der Schlange zu essen. Dann kam die Magd herein … Sie stieß einen lauten Schrei aus und scheuchte, von panischer Angst ergriffen, die Schlange fort. Mirjam aber blieb äußerst ruhig.

Anhand dieser Episode können wir schon erraten, wie Mirjam in Zukunft ihre Siege über die Mächte der Finsternis erringen wird: durch ihre Unschuld und ihre Reinheit! Satan kann Unschuld nicht ausstehen. Aber Mirjam besaß diese erstklassige Waffe: Durch ihre Unschuld und ihre Demut, durch den Frieden ihrer Seele, die ganz in Gott versunken war, stellte sie sicher, dass der Böse keine Macht über sie hatte. Freilich wird er sich zeigen, er wird Mirjam von Anbeginn an bis zum Ende auf den Fersen sein, um sie anzugreifen und zu versuchen, sie zu Fall zu bringen. Aber dies wird nicht gelingen, weil Mirjam ihre Seele mit Gott vereint hat, in Unschuld und Reinheit.

Mirjams Eheversprechen

Mirjam wuchs heran. Sie war etwa acht Jahre alt, als ihr Onkel Ibillin verließ, um sich mit seiner Familie und Mirjam in Alexandrien niederzulassen. Er war immer sehr nett zu Mirjam und behandelte sie wirklich wie ein Kind seiner Familie. Aber ohne ihr Wissen war Mirjam bereits mit einem Jungen verlobt worden. Solche von den Eltern arrangierte Eheversprechen waren wie in den meisten arabischen Familien der Gegend auch in dieser Familie etwas ganz Normales. Es war im Jahr 1858, als ihr Onkel und ihre Tante diesem kleinen zwölfjährigen Mädchen ankündigten, dass es schon bald einen Jungen, den der Onkel bereits vor mehreren Jahren für es ausgewählt hatte, heiraten sollte.

Man kleidete sie nun in prächtige Kleider, man schenkte ihr Schmuck, frisierte ihre Haare auf elegante Weise – kurz und gut, man machte aus ihr eine strahlende Braut. Mirjam aber erinnerte sich, dass sie mit fünf Jahren ihr Leben dem Herrn geweiht und tief in ihrem Herzen beschlossen hatte, nie jemand anderem zu gehören als Jesus allein. Noch eine Woche bis zum Hochzeitstag, und Mirjam flehte die Jungfrau Maria an, ihr zu Hilfe zu eilen und diesem Heiratsplan ein Ende zu bereiten.

Sie redete mit ihrem Onkel, aber der Onkel blieb sehr bestimmt, er wich nicht von seiner Entscheidung ab. Für ihn war es unbedingt erforderlich, seine verwaiste Nichte zu verheirateten, sie wäre dann gut versorgt. Entsprechend der Mentalität der damaligen Zeit und dem patriarchalischen Gesellschaftssystem war das die einzige Zukunft, die er für sie planen konnte.

Aber die Mutter Gottes wachte über die zukünftige Braut ihres Sohnes. So flüsterte sie ihr in der Nacht eine kleine List ins Ohr, eine klassische List, die man auch im Leben der heiligen Katharina von Siena finden kann. Mirjam verstand sie sofort, und gleich am nächsten Morgen schnitt sie sich ihre schönen langen Haare ab. Denn es war undenkbar, dass ein Orientale eine Frau so ohne Haare heiratet! Das gab es nicht, es wäre eine Schande gewesen!

So brachte Mirjam ihrer Familie, den Gästen und ihrem versprochenen Bräutigam am Hochzeitsmorgen ihre Haare schön geschmückt auf einem Tablett dar. Die List hatte gut funktioniert. Doch ihr Onkel wurde vor Ärger gewalttätig: Er schlug sie, bis sie blutete. Mirjam wird fortan die Spuren dieser brutalen Schläge auf ihrem Körper zurückbehalten. Dann wurde sie aus der Familie verstoßen und fand sich wieder als Sklavin der Sklaven. Denn es traf sich, dass einige schwarze Dienerinnen dem Onkel zu Diensten standen. Nun, diese Dienerinnen bekamen den Auftrag, Mirjam nicht zu schonen und ihr die schwersten Arbeiten zu übertragen.

Für die nächsten drei Monate wird Mirjam diesem Regime von Verfolgungen und Demütigungen ausgesetzt. Gott allein weiß, was sie damals auszuhalten hatte! Aber anstatt zu rebellieren und sich über ihr Schicksal zu beklagen, nimmt Mirjam diese neue Bürde mit großer Freude auf sich, so sehr war sie mit dem Herrn und den himmlischen Mächten vertraut. Und obwohl ihr Leben nach außen hin äußerst hart erscheint, trägt Mirjam den Himmel in ihrem Herzen und bleibt voller Freude inmitten der gröbsten Arbeiten. Sie empfindet eine echte Glückseligkeit und nimmt ihr Schicksal an als eine Gnade. Denn diese harten Arbeiten und diese Prüfung, verstoßen worden zu sein, werden es ihr ermöglichen, ihre Zugehörigkeit zu Gott zu stärken.

Bleib doch zum Abendessen bei uns!

Mirjam denkt an ihren Bruder Paul, der in der Nähe von Nazaret wohnt. Ob er ihr helfen kann? Sie findet heraus, dass ein ehemaliger Diener, ein Moslem, nach Nazaret reisen will. Sie geht zu dessen Haus, um ihm einen Brief für Paul mitzugeben. Als sie sich von der Familie, die ganz in der Nähe ihres Dorfes wohnt, verabschieden will, lädt man sie gemäß der örtlichen Tradition ein: „Bleib doch zum Abendessen bei uns! Du wirst doch nicht gleich wieder gehen wollen!" Aus Höflichkeit und weil der Tag sich dem Ende zuneigt, stimmt Mirjam zu, das Abendessen mit dieser Familie einzunehmen.

Da sie viele Misshandlungen erlitten hatte, kann man die Spuren der Schläge an ihrem Körper sehen. Während des Essens sagt ihr deshalb der Moslem: „Ach ja, die Christen sind alle schlecht. Du solltest eine Muslima werden und deiner christlichen Religion für immer abschwören." Er macht ihr sogar das Angebot, sie zu heiraten. Mirjam aber empört sich: „Wenn ich einen Christen abgewiesen habe, werde ich dann einen Moslem nehmen? Ich bin Katholikin und hoffe aufrichtig, im katholischen Glauben zu sterben, ich werde Christus nie und nimmer verleugnen!"

Dann, nach einem heftigen Wortwechsel mit diesem zierlichen Persönchen, das ja nur ein Mädchen ist und dazu noch einer anderen Religion angehört, wird dieser Moslem wütend und versetzt Mirjam einen Tritt mit seinem Stiefel, dass sie zu Boden fliegt. Der Mann nimmt seinen Krummsäbel und schneidet ihr die Kehle durch. Die Wunde ist tödlich. Seine Frau und er entscheiden sich, die Leiche schnell wegzuschaffen. Im Schutz der Dunkelheit nimmt er Mirjams Körper und wirft ihn in eine dunkle menschenleere Gasse. Das war in der Nacht vom 7. auf den 8. September 1858.

Dein Buch ist noch nicht zu Ende!

Was wurde aus der kleinen Mirjam? Wir könnten sagen: Sie erlitt ein Martyrium. Sie bekannte ihren christlichen Glauben und vergoss aufgrund ihres Glaubens ihr Blut. Hier muss erwähnt werden, dass sie schon, als sie noch jünger war, aus Liebe zum Herrn um diese Gnade gebeten hatte. In der Tat konnte sie es nicht erwarten, ihr Blut für Jesus vergießen zu dürfen. Der Herr ließ sie zwar einige Jahre warten, aber Er hat ihr Gebet erhört.

Nein, die Geschichte hört hier noch nicht auf! Etwas Geheimnisvolles und Unglaubliches sollte diesem jungen Mädchen widerfahren! Jahre später hat sie Pater Estrate, ihrem geistlichen Vater, erzählt, dass sie in den Himmel gekommen sei, und dass sie dort Gott, die Heilige Dreifaltigkeit schauen durfte. Sie sah Jesus Christus in Seiner Menschlichkeit. Sie sah den Thron Gottes. Sie sah die heilige Jungfrau Maria, die in der Pracht ihrer Herrlichkeit nahe dem Thron Gottes stand. Sie sah die Engel Gottes. Sie sah auch die Heiligen. Sie war eingetaucht in eine große, in eine unermessliche Glückseligkeit, die sie nie wirklich mit Worten wird ausdrücken können, „denn", sagte sie, „es ist unbeschreiblich".

Jedoch inmitten ihrer Glückseligkeit, die man als ekstatisch bezeichnen kann, nähert sich ihr jemand und sagt: „Du bist Jungfrau, es ist wahr, aber dein Buch ist noch nicht vollendet." Und ohne zu wissen, wie ihr geschieht, wacht sie auf einmal auf. Sie begreift, dass sie sich in einer

Art Höhle befindet. Bei ihr steht eine Frau, deren Gewand fast wie das einer Ordensfrau aussieht! Mirjam kennt das Habit nicht, es ist von einem prächtigen Blau. Die Frau strahlt eine außergewöhnliche Sanftmut aus, und ihre Gegenwart entzückt das Herz Mirjams. Dann erklärt ihr die Frau, sie gefunden, in diese Ruine getragen und ihre Wunden verbunden zu haben. Die Frau spricht sonst kaum ein Wort. Jeden Tag kehrt sie zurück zu Mirjam und pflegt sie wie eine gute Krankenschwester.

Sei immer zufrieden

Es entwickelte sich ein tiefes, liebevolles Verhältnis zwischen Mirjam und der mysteriösen „Ordensfrau", und nach etwa vier Wochen fühlte Mirjam, wie ihre Kräfte wieder zurückkehrten. Die Frau hatte ihr ein ganz besonderes Essen gebracht, eines, das sie noch nie gekostet hatte. Später beschrieb Mirjam es so: „Es war eine Suppe, aber keine normale Suppe. Es war eine köstlich gute Suppe." Also aß sie diese mit großem Appetit. Sie ist ja so gut! Und dann, wie es alle Kinder nach einer köstlichen Speise tun, rief sie: „Noch mehr!" Doch die Frau sagte: „Mirjam, nein, es ist vorerst genug. Denke daran, dass du es nicht machen sollst wie jene, die nie zufrieden sind. Sage immer: ‚Es genügt.' Sei immer zufrieden, auch im Leiden! Der gütige Gott wird dir das Notwendige geben."

Wir werden später erfahren, dass diese mysteriöse „Ordensfrau" niemand anders war als die Jungfrau Maria! Eine kleine Zwischenbemerkung: Als der Moslem versucht hatte, Mirjam zu zwingen, ihrem Glauben abzuschwören, hatte sich Mirjam mit großem Mut für den Herrn entschieden. Nun hat der Herr sich daran erinnert, und auch Er hat sich zugunsten Mirjams entschieden, indem Er diese wunderbare Heilung zugelassen, ja indem Er selbst diese „Auferstehung" erlaubt hat (denn der Schlag mit dem Krummsäbel hatte sie tatsächlich getötet) und indem Er Seine Mutter sandte, um Mirjam zu pflegen. – Daran können wir etwas sehr Wichtiges erkennen: Jedes Mal, wenn wir uns vor den Menschen für den Herrn entscheiden, auch auf die Gefahr hin, leiden zu müssen, lächerlich gemacht zu werden oder sogar das Leben zu verlieren, dann zögert der Herr nie, sich seinerseits für uns zu entscheiden.

Die Jungfrau offenbart Mirjam, dass sie in ihrem Leben viel zu leiden haben werde und erklärt ihr auch, dass sie alles annehmen müsse, da es aus der Hand Gottes komme, und dass sie dem Herrn für alles in ihrem Leben danken solle. Für Mirjam wird dies eine einleuchtende, eine entscheidende Lehre sein! Dieses „Sei immer zufrieden!" wird zur Grundlage ihres persönlichen Glücks und ihres geweihten Lebens werden. Einige Jahre später sollte eine andere Karmelitin, Schwester Theresia vom Kinde Jesus, das Gleiche mit ihren eigenen Worten zum Ausdruck bringen: „Das wahre Glück auf Erden besteht darin, den Teil, den Jesus einem zuteilt, immer köstlich zu finden."

Erinnern Sie sich an den Psalm 23,1: *Der Herr ist mein Hirte, nichts wird mir fehlen.* Für Mirjam ist dieser biblische Satz wahres Gold. Sie wird ihn wörtlich nehmen. „Nichts wird mir fehlen." Alles, was ihr von da an in ihrem Leben zustößt, wird sie als von Gott kommend annehmen. Ganz gleich, was ihr auch begegnet, sie hat keine Angst. Im Gegenteil, sie dankt Gott sogar, bevor sie weiß, was ihr geschieht. Alles ist gut für sie, um im Glauben und im

Vertrauen zu wachsen. Dies erinnert mich an die wunderbaren Worte der Mystikerin Marthe Robin (1902–1981): „Ich kann so klar erkennen, wie Sein anbetungswürdiger Wille in allem geschieht, selbst in Dingen, die von Ihm nicht gewollt werden, dass ich nur in der Stille betrachten und verehren kann."

Was bedeutet das? Nun, Gott liebt uns so sehr, dass, wenn etwas Böses geschieht, das nicht Seinem Willen entspringt, Er mächtig und gütig genug ist, um Gutes daraus hervorzubringen. In Seiner allmächtigen Vorsehung kann Er etwas Gutes aus den Folgen von etwas Bösem machen, das von Seinen Geschöpfen begangen wurde. Hier ein Beispiel: Als Petrus Jesus verleugnete, war diese Sünde selbstverständlich nicht von Jesus gewollt. Aber der Vater nutzte sie und verwendete sie zugunsten von Petrus, der an diesem Tag mit seinem tiefen Elend konfrontiert wurde und dadurch in der Demut wachsen und sich somit für neue Dimensionen der Liebe öffnen konnte.

Kein Hindernis kann Mirjam aufhalten, ganz besonders nicht ihr eigenes Ego. Wenn wir hingegen auf die Probe gestellt werden, dann geschieht es sehr oft, dass wir uns beklagen, und es ist gerade diese Klage, die uns aufhält. Wenn etwas Unangenehmes geschieht, jammern wir: „Oh Schade! Schade! Wenn das anders verlaufen wäre, hätte ich mindestens dies oder das machen können! Ach, wenn mein Mann nur anders wäre! Ach, wäre diese Sache nicht passiert! Ach, hätte mich diese Krankheit nur nicht befallen! Ach, hätte diese Person nicht mein ganzes Erbe gestohlen!" Auf diese Weise spielen wir unwissentlich das Spiel des Teufels durch unser Klagen und unser sinnloses Gejammer. Wir werden in unserem Elan auf dem Weg zum Herrn aufgehalten. Denn der Teufel ist ja am Ende der Jamerer schlechthin, er ist der ewig Frustrierte! Er zeichnet sich dadurch aus, dass er immer der Meinung ist, nichts laufe richtig. Er ist ständig bereit, sich aufzulehnen.

Mirjam jedoch wird genau die gegenteilige Haltung annehmen. Die heilige Jungfrau selbst hat ihr diesen dringenden Rat gegeben: „Sei immer zufrieden!" Dank dieser Einstellung wird der Herr Gefallen an der kleinen Mirjam finden, und Er wird in ihr alles bewirken, was Er will. Der Herr hat das auch über den König David gesagt: *„Ich habe David, den Sohn des Isai, als einen Mann nach meinem Herzen gefunden, der alles, was ich will, vollbringen wird"* (Apg 13,22). Auf gewisse Weise prophezeit Gott in Hinblick auf David, denn Er sagt nicht: „Er hat meinen ganzen Willen getan." Nein, Er sagt: „Er wird meinen ganzen Willen tun." Er spricht im Futur! Gott ist sich des David sicher, weil David treu ist. David hört auf den Herrn. David ist folgsam.

Gott klopft an verschiedene Türen

Man wird das Gleiche von Mirjam sagen können: Ja, ein Kind nach dem Herzen Gottes, weil sie Seinen ganzen Willen tun wird! Gott sucht nach solchen Seelen. So sprach Jesus eines Tages auch zum Herzen der jungen Österreicherin Maria Sieler (1899–1952). Er wollte sie für eine ganz besondere Aufgabe in der Kirche gewinnen. Maria sagte nicht „nein" zu Ihm, sie hatte jedoch etwas Angst. Als sie vierundzwanzig Jahre alt war und immer noch zögerte, sich dem ganz hinzugeben, der sie rief, hörte sie diese Stimme in ihrem Herzen, als sie von der Kommunion zurückkam: „Wenn du dich nicht überwinden kannst, werde Ich mir eine andere Seele suchen. Ich habe Tausende anderer Seelen zu Meiner Verfügung, denen Ich Meine Gnaden schenken kann." Maria Sieler verstand jetzt, dass diese Gelegenheit für eine besondere Mission sich nicht noch einmal bieten würde und entschied sich radikal, das Angebot Jesu anzunehmen. Von diesem Moment an war ihre Seele Feuer und Flamme für diese großartige Berufung, sich für die Erneuerung des Priestertums einzusetzen.

Ein anderes Beispiel: Eine Freundin wurde von Gott für eine besondere Mission in Nordamerika berufen. Da sie Hausfrau und Mutter war, staunte sie, dass Jesus gerade sie für eine solche Mission ausgewählt hatte, für die in ihren Augen eine Ordensschwester besser geeignet wäre. Jesus aber antwortete ihr: „Ja, Ich habe diese Mission einer anderen Seele angeboten, aber sie hat ‚nein' gesagt. So habe Ich dich auserwählt, weil du Mir schon ‚ja' zu anderen Dingen gesagt hast." Und meine Freundin stellte mit einem gewissen Humor klar: „Täuschen Sie sich ja nicht, ich bin Sein ‚Plan B'!"

Unsere Mirjam hat Jesus sofort ihr uneingeschränktes Ja gegeben. Dieses Ja ist die grundlegende Haltung eines einfachen christlichen Lebens, und es ist dies umso mehr in einem geweihten Leben. Wir dürfen nicht überrascht sein, wenn wir im Leben Mirjams Ereignisse auf sie zukommen sehen, mit denen sie überfordert ist, da sie weder lesen noch schreiben kann und auch sonst keine Bildung hat und so zerbrechlich, so zart und von so empfindlicher Natur ist! Mirjam akzeptiert, dass sie nicht immer versteht, was der Herr in ihrem Leben macht. So wird Er Wunder vollbringen.

Du wirst in Betlehem sterben

Während Mirjam in der Grotte ihrer Genesung entgegen ging, setzte die *„so gute Frau"* ihre Unterweisungen fort. Sie warnt Mirjam vor der Arglist des Teufels und ermahnt sie, den Nächsten zu lieben. Sie spricht mit ihr über ihre Zukunft und erklärt ihr, dass sie die Mitglieder ihrer Familie nie mehr wiedersehen wird. Sie ermahnt Mirjam, im Verborgenen zu bleiben. Ihr Verschwinden hatte für großes Aufsehen in der Familie ihres Onkels gesorgt. Man befürchtete, dass Mirjam entführt oder missbraucht worden war. Nun aber stellt ein solches Geschehen für eine arabische Familie eine schreckliche Schande dar. Deshalb versuchten sie alles, um sie wieder zu finden. Mirjam wurde sich dessen auch schon bald nach ihrer Rückkehr in die Welt bewusst: Alle suchten sie überall, und sie musste sich tatsächlich gut verbergen.

Ihren Worten fügte die Dame noch hinzu, dass Mirjam nach Frankreich gehen und dort eine Ordensfrau werden würde, dass sie zuerst eine Tochter des heiligen Josef und dann eine Tochter der heiligen Theresia (von Ávila) werden würde. Schließlich würde sie das Ordensgewand der Karmelitinnen nehmen und in Betlehem sterben.

Sobald Mirjam aufstehen konnte, führte die „Ordensfrau" sie in die Franziskanerkirche St. Katharina in Alexandrien und fordert das Mädchen auf, zur Beichte zu gehen. Nach der Beichte verlässt Mirjam die Kirche und hält nach der „Ordensfrau" Ausschau. Sie sucht, sie sucht … Angst bemächtigt sich ihrer: Sie muss sich der Tatsache beugen: Die „Ordensfrau" ist verschwunden!

In diesem Moment erinnert sie sich der Worte Jesu. Sie erinnert sich an das Abkommen, das sie mit Ihm geschlossen hat. Sie weiß jetzt, dass alles, was ihr widerfährt, von Gott kommt, und dass es ihr nie an etwas fehlen wird. Sie fasst neuen Mut. Sie trifft sich wieder mit dem Priester, bei dem sie gebeichtet hat, und erzählt ihm ihre Geschichte unter dem Siegel der Verschwiegenheit. Dieser Priester sagte ihr seine Hilfe zu und bringt sie einstweilen in einem Franziskanerkloster unter.

Die Dienerin, von der jeder träumt

Mit Hilfe des Priesters wird sie sich in den Dienst mehrerer Familien stellen, als einfache Dienerin. Stellen wir uns einmal die kleine Mirjam vor, die ja zu diesem Zeitpunkt erst zwölf Jahre alt ist! Welchen Mut muss es sie gekostet haben, sich diesen Prüfungen zu stellen! Sie wird zu reichen und zu armen Familien, zu wohlwollenden und zu bösen Menschen gehen. Sie fängt an, in Alexandrien zu arbeiten, aber schon sehr bald wird sie die Stadt verlassen müssen, weil ihre Familie sie immer noch sucht und sie befürchtet, entdeckt zu werden.

Ihre Reisen führen sie nach Jerusalem, Jaffa, Beirut … Ihr Dienst ist stets gekennzeichnet von uneingeschränkter Barmherzigkeit gegenüber Armen und Kranken. Sie bringt ihnen sehr konkrete Hilfe, nicht nur durch ihre Hände und indem sie das Wenige, das sie besitzt, mit ihnen teilt, sondern auch durch das Gebet. Sie wird sogar einige Wunder bewirken! Sie sagte oft: „Liebt euren Bruder mehr als euch selbst!" So verlässt sie eine reiche Arbeitgeberin und geht zu einer in tiefe Not geratenen Familie, deren Familienmitglieder allesamt krank sind. Sie geht sogar so weit, für sie um Brot zu betteln! Und durch ihr Gebet wird jeder von seinem Krankenbett aufstehen, mancher sogar von seinem Sterbebett. Nach vierzig Tagen sind alle geheilt!

Ein anderes Mal fällt Mirjam von einer hohen Terrasse und zieht sich gefährliche Verletzungen zu. All die Pflege, die man ihr zukommen lässt, will keine Besserung bringen. Da erscheint ihr die Gottesmutter und schenkt ihr augenblicklich die Gesundheit wieder, um die Mirjam voller Demut und Sorge, nur noch eine Last zu sein, gebetet hatte. Schon zuvor hatte sie einmal auf diese Weise die heilige Jungfrau um Hilfe angefleht, als sie vierzig Tage lang völlig blind auf die Güte ihrer Dienstherrin angewiesen war und die Ärzte ihr nicht helfen konnten. Kaum hatte sie das Gebet beendet, konnte sie wieder sehen!

Eine Konstante im Wesen Mirjams war ihre tiefe, herzliche Zuneigung zu allen, denen sie begegnete. Oft sagte sie: „Liebt euren Nächsten mehr als euch selbst." Dies praktizierte sie und davon gab sie Zeugnis. Alle Familien konnten am Ende der Dienstzeit sagen, Mirjam, habe sie mehr geliebt als sich selbst.

Warum blieb sie nie sehr lange bei einer Familie? Ganz einfach: Wegen ihrer tiefen Demut. Sie kam immer äußerst arm dort an, hatte nie mehr als ein Kleid zum Wechseln. Man gab ihr die niedrigsten Arbeiten und beachtete sie kaum. Nach und nach aber, aufgrund ihrer Tüchtigkeit und ihres gütigen und barmherzigen Wesens und dank der Salbung, die auf ihr ruhte, fing man in der Familie an, Achtung für sie zu empfinden und ihr Zeichen der Zuneigung und Dankbarkeit entgegenzubringen. Und sobald sie dies merkte, suchte sich Mirjam eine neue Stelle und diente anderswo. Sie hatte so große Angst, dem Stolz zu verfallen, sie hasste Komplimente so sehr, dass sie fortging. Und so zog sie sieben Jahre lang von Familie zu Familie, tat ihnen Gutes, heilte ihre Kranken, schenkte ihnen Worte der Weisheit und hinterließ überall besonders aufgrund ihrer Reinheit und Frömmigkeit einen tiefen Eindruck.

Mitunter konnte sie sehr direkt sein. Wenn sie irgendwo eine Sünde erkannte, warnte sie die betreffende Person ohne jegliche Umschweife. Eines Tages zum Beispiel begegnete sie einer Frau, die ein langes, sehr teures Kleid trug. Sie war auf dem Weg zu einem Ball. Mirjam warnte sie, dass ihre Seele in großer Gefahr und dass der Herr mit ihrer Aufmachung sehr unzufrieden sei, weil sie eine Einladung zum Ehebruch darstelle. Diese Frau gehörte dem Adel an, doch Mirjam hatte keine Scheu. Kurz und gut, der Herr und Seine Herrlichkeit standen für Mirjam an erster Stelle, danach kam alles andere.

Die ersten Ekstasen

Dann findet sich Mirjam im Süden Frankreichs wieder, in Marseille, geradeso, wie die „Ordensfrau" es ihr prophezeit hatte. Sie hatte sich im Jahr 1863 in den Dienst der syrischen Familie Najard gestellt, die in Frankreich wohnte. Dort wird Mirjam zum ersten Mal ziemlich außergewöhnliche mystische Mitteilungen Gottes erhalten.

Zwei Monate nach ihrer Ankunft bei der Familie Najard fiel Mirjam in eine zweistündige Ekstase. Eine zweite Ekstase nach dem Empfang der heiligen Kommunion dauerte vier Tage! Man hätte glauben können, sie sei tot, wenn ihre rosigen Wangen nicht gewesen wären. Die Ärzte mussten eingestehen: „Wir verstehen nicht, was hier geschieht. Wir sind noch nie einem solchen Fall begegnet!" Viel später wird Mirjam erzählen, was sich damals ereignet hatte. Während dieser vier Tage wurde ihre Seele in die unsichtbaren Wirklichkeiten eingeführt. Vergessen wir nicht die dritte Seligpreisung, die Jesus uns gegeben hat, und die so gut zu Mirjam passt: *„Selig, die ein reines Herzen haben; denn sie werden Gott schauen"* (Mt 5,8).

Mirjam hatte *das* reine Herz schlechthin, und sie sah Gott bereits in dieser Welt. Sie schaute himmlische Wirklichkeiten und gab davon Zeugnis. Während dieser Ekstase war Mirjam in den Himmel, dann auch in das Fegefeuer und die Hölle geführt worden. Ein Jungfrau, die sie begleitete, teilte ihr dabei geheimnisvolle, erhabene und furchtbare Geheimnisse mit.

Es scheint, dass uns heutzutage diese himmlischen Wirklichkeiten wenig vertraut sind. Wir wagen es nicht, darüber zu sprechen, entweder aus Angst, lächerlich gemacht zu werden, oder weil uns diese Wirklichkeiten auf so verzerrte Weise dargestellt wurden, dass wir es vorziehen, darüber zu schweigen und es vermeiden, daran zu denken. *„Meine Seele verzehrt sich in Sehnsucht nach dem Tempel des Herrn",* sagt der Psalmist (Ps 84,3). Unsere Seele seufzt und schmachtet, sie strebt zum Herrn, der uns in der ewigen Glückseligkeit erwartet, die Er für uns vorbereitet hat. Mirjam begegnete während ihrer Visionen dem Herrn in Seiner Ewigkeit. Sie begegnet auch den Heiligen, den Engeln, jenen glückseligen Geistwesen, die nahe beim Herrn wohnen. Und sie sieht die mit jeder Seele verbundene Ehre! Eine Ehre, die in direkter Verbindung mit dem steht, was diese Seele für den Herrn gelitten hat, mit dem, was sie auf Erden für die Ehre des Herrn durchgestanden hat. Denn solange wir auf der Erde sind, haben wir noch Zeit, um uns für Gott zu entscheiden und uns Ihm hinzugeben, um an Gottes Werken mitzuarbeiten und Seine Ehre zu suchen.

Wie viele Male hat uns die Jungfrau Maria z. B. in Lourdes, La Salette, Fatima – Erscheinungen, die das Siegel der Echtheit von der Kirche bekommen haben – mit Nachdruck an „die letzten Dinge" der Menschheit erinnert? Wie oft hat sie uns daran erinnert, dass der Mensch nicht für die vergänglichen Dinge geschaffen ist? Der Mensch muss sich schon jetzt auf seine Ewigkeit vorbereiten. Jede Seele wählt selbst in vollkommener Freiheit den Inhalt ihrer Ewigkeit. Das ist sehr beeindruckend. Leider aber wird diese so wichtige Tatsache kaum noch gepredigt. Wie sagt doch Maria in Medjugorje: „... Diese Welt ist ohne Hoffnung für diejenigen, die Jesus nicht kennen." Wir sind für die Wirklichkeiten des Himmels geschaffen!

Man verbringt Stunden damit, die besten Versicherungen auszuwählen: Man versichert sein Haus, seine Gesundheit, seinen Schmuck, seine Reisen und sogar seinen Hund! Man wendet ungeheure Energie auf, um sich damit zu befassen. Selbstverständlich ist das wichtig. Aber wie kann man seinen Schmuck oder sein Haus versichern und es versäumen, und sei es nur für eine Minute am Tag, an das ewige Leben zu denken, an diese Ewigkeit, die jeden Sterblichen auf dieser Welt erwartet? O Wahnsinn des Menschen, der völlig blind durch das Leben läuft, die Taschen voller erbärmlicher Versicherungsverträge!

Und Mirjam ist da, um uns daran zu erinnern, dass die irdischen Dinge vergehen. Es braucht nur wenig, und alle unsere Sicherheiten lösen sich von einer Minute zur anderen in Rauch auf. Halten wir uns an Dingen fest, die nicht vergehen, die der Gott der Moderne uns nicht beschaffen kann! Halten wir an Dingen fest, die wir während der ganzen Ewigkeit behalten und kosten werden können!

Was aber möchte sie uns denn sagen, diese kleine Mirjam? Ganz einfach: Es gibt dieses Glück! Es ist schon da! Nur ein dünner Schleier trennt uns davon. Es existiert und steht bereits vor unseren Türen! Man soll uns also verschonen mit all den nihilistischen und deprimierenden Ideologien, mit all den seichten Denkweisen, mit all diesen atheistischen und trügerischen Lehren, von denen es in unserer Zeit nur so wimmelt und die uns glauben machen wollen, dass unsere Reise in einem großen schwarzen Loch tief in der Erde zu Ende geht! Welch eine tödliche Langeweile! Mirjam sagt uns geradeso, wie es auch in der Heilige Schrift steht, dass die Ewigkeit existiert. In mancher Hinsicht erinnert sie an die heilige Bernadette: Sie stellt sich nicht wie eine mit vielen Diplomen ausgezeichnete Theoretikerin vor uns hin, nein, sie kommt, um uns ein einfaches Zeugnis von dem zu geben, was ihre Augen gesehen und was ihr Herz erfahren hat. Sie strahlt geradezu von der Botschaft, die sie bringt, und dieses Strahlen ist stärker als alles andere!

Besuch der Seelen aus dem Fegefeuer

Vergessen wir nicht, dass Mirjam das Fegefeuer gesehen und dort von Gott große Erleuchtung erfahren hat. Diese ist nicht nur ein Wissen an sich oder eine Art von Information, die man sich merken muss, nein, sie ist eher ein verwandelndes Licht. Alles Licht, das von Gott kommt, verwandelt das Herz. Als sie diese Seelen sieht, die im

Fegefeuer leiden, entwickelt Mirjam ein unendliches Mitgefühl für sie. Und in diesem übervollen Herzen brennt ein heftiges Verlangen, diesen leidenden Seelen zu helfen Deshalb ist es nicht überraschend, dass diese Seelen des Fegefeuers sie in großer Anzahl besuchen kommen, weil sie sich freuen, jemanden gefunden zu haben, der bereit ist, ihnen zu helfen. Hierzu einige Beispiele:

Der Vater einer Mitschwester aus Mirjams späterer Karmel-Gemeinschaft war als Ungläubiger gestorben. Er hatte bis zu seinem Lebensende die Sakramente und jede Hilfe der Kirche abgelehnt. Und obwohl er im Grunde ein ehrlicher Mensch gewesen war, war sein Leben kein leuchtendes Beispiel. Deshalb war diese Karmelitin sehr besorgt um das ewige Schicksal ihres Vaters. Nun aber war dieser zu Mirjam gekommen, um sie zu bitten, für ihn zu beten, weil er sehr im Fegefeuer litt. Er erklärte ihr, dass er trotz seiner Weigerung, die Sakramente zu empfangen, noch im allerletzten Moment, nachdem er schon klinisch tot war, ein Licht gesehen habe. Und diesem Licht sei es zu verdanken, dass er noch bereut habe und so der Hölle entronnen sei.

Mirjam erklärt, dass man nie mutmaßen könne, was das endgültige Schicksal einer Seele sei, denn Gott allein sieht im Augenblick des Todes in die Tiefe des Herzens. In diesem Moment schenkt Gott Gnaden im Überfluss, damit sich die Seele noch bekehren und zu Ihm zurückkehren kann. Mehr denn je sollten wir in diesem Moment beten und uns für die Seelen einsetzen!

Dieser Mann erzählte also Mirjam, dass er dank dieses Moments der Reue gerettet werden konnte. Aber da er noch im Fegefeuer litt, bat er um Gebet. Mirjam erzählte diese Geschichte Mutter Élie, der Karmelitin, die die Tochter dieses Mannes war. Und Mutter Élie rief daraufhin überrascht: „Diese Geschichte ist ja ganz unglaublich! Ich danke Ihnen. Aber wenn sie wirklich vom Herrn ist, dann nennen Sie mir doch den Namen meines Vaters!" Und Mirjam antwortete ihr: „Sein Name ist Rech." Und tatsächlich war das der Name des Vaters von Mutter Élie, den niemand im Orden kannte. Auf diese Weise hatte der Karmel den Beweis, dass Mirjam tatsächlich von diesem Mann aus dem Fegefeuer besucht worden war. Da er darum gebeten hatte, dass man für ihn mehrere Messen lese und Novenen bete, so wurde dieser Wunsch erfüllt. Danach kam er wieder zu Mirjam und teilte ihr mit: „Das wäre geschafft, ich bin jetzt im Himmel!"

Eine sehr teure Fünf-Franken-Münze

Noch vor ihrem Eintritt in den Karmel erhielt Mirjam den Besuch einer Ordensfrau, die kurz zuvor gestorben war und im Fegefeuer viel zu leiden hatte. Sie erklärte ihr, weshalb: „Nun, als ich auf der Erde war, gehörte ich einer Ordensgemeinschaft an. Ich hatte heimlich fünf Franken versteckt für den Fall, dass unsere Gemeinschaft einmal in Not geraten, dass es ihr an etwas mangeln sollte. Dies hatte ich ohne Wissen meiner Vorgesetzten getan. Und bis zu meinem Ende habe ich das nicht bekannt." Somit hatte sich diese Ordensfrau nicht nur der Verheimlichung schuldig gemacht, sie hatte auch gegen den Gehorsam und das Gelübde der Armut verstoßen. Da sie schon lange im Fegefeuer war, bat sie Mirjam um Gebet. Und das Unglaublichste an der Sache war, dass sie Mirjam zeigte, wo das Geld versteckt war (seinerzeit war es eine große Summe). Die Schwestern haben nachgesehen und es gefunden.

Eine andere Ordensfrau gehörte, bevor sie ins Kloster eintrat, einer sehr reichen Familie an und besaß große persönliche Güter. Nun, diese Schwester war sehr ehrgeizig und strebte das Amt der Oberin an. Als sie von den Schwestern nicht zur Priorin gewählt wurde, wollte sie sich rächen. So bestimmte sie, dass ihre Güter, anstatt sie der in Not geratenen Klostergemeinschaft zu schenken, ihrer reichen Familie überlassen werden sollten. Im Laufe der Jahre hätte sie sich wieder fangen und um Verzeihung bitten können, aber sie hatte diese Verbitterung während ihres ganzen Klosterlebens beibehalten, und sie starb ohne Reue. Deshalb sollte sie „bis ans Ende der Welt" im Fegefeuer leiden. So kam sie am 21. Dezember 1874 zu Mirjam, um diese um Gebet und Opfer zu bitten.

Wieder eine andere Ordensfrau galt zeitlebens bei ihren Schwestern als Heilige, weshalb man glaubte, nicht viel für ihr Seelenheil beten zu müssen. In der Tat ist der schlimmste Dienst, den man einem verstorbenen Menschen erweisen kann, der, ihn zu früh für heilig zu halten! Diese Schwester kam zu Mirjam, um sie um Hilfe zu bitten. Sie erklärte ihr, dass sie ihre Mitschwestern heimlich gegen ihre Vorgesetzten aufgewiegelt hätte. Dazu sagte Mirjam: „Derjenige, der sich gegen seine Vorgesetzten auflehnt, lehnt sich gegen Gott auf." – Aus der Tiefe des Fegefeuers kam sie, um Hilfe zu erbitten. Es wäre so viel einfacher für sie gewesen, vor ihrem Tod zu bereuen!

Hier ist noch ein Beispiel: Über die Mutter einer Ordensschwester sagte Mirjam, dass sie knapp an der Hölle vorbeigekommen wäre, dank der Gebete ihrer Kinder und selbstverständlich dank der Barmherzigkeit Gottes. Sie hätte die Hölle verdient, da sie zeitlebens nur versuchte, ihren eigenen Willen durchzusetzen.

Und noch ein Beispiel: Eine Seele des Fegefeuers kam zu Mirjam, diese Frau hatte ein ziemlich mittelmäßiges und lauwarmes Leben geführt, kurz gesagt, sie hatte sich kein Bein für den Herrn ausgerissen. Sie wollte Mirjam ihre Freude darüber zeigen, dass sie gerade aus dem Fegefeuer herausgekommen und in den Himmel eingetreten war. Warum das? Weil sie einmal der Kirche eine große Spende gemacht hatte, sie hatte sich am Bau der neuen Basilika beteiligt. Nun, es war genau am Tag der Einweihung dieser Basilika, dass sie das Fegefeuer verlassen konnte, um in den Himmel einzutreten. Der Herr hatte sich an ihre großzügige Spende erinnert!

So hat der Herr Mirjam durch sehr konkrete Beispiele unterrichtet. Sie begriff, in welch traurigem Zustand sich die Seelen befinden, wenn sie vor Gott erscheinen, dass sie immer noch unfrei, noch an gewisse vorsätzliche Sünden oder an gewisse Schwächen gebunden waren.

Herrlicher Ursprung, herrliches Schicksal

Manche Leute mögen zweifeln und denken: „Was soll all das, lauter vorsintflutliche Geschichten! Wir sind darüber hinweg!" Zunächst darf man das Fegefeuer nicht mit der Vorstellung einer Strafe Gottes und noch viel weniger mit einer Züchtigung in Verbindung bringen. Tatsächlich ist Gott nur Barmherzigkeit und Liebe, und es ist gerade Seine Barmherzigkeit, die das Fegefeuer eingeführt hat.

Doch kommen wir zu den grundsätzlichen Dingen: Wir sind alle für Gott erschaffen, wir sind dazu erschaffen, eine absolut vollkommene, reine Gemeinschaft mit Ihm einzugehen, eine Liebesbeziehung. Nun, die Zeit auf Erden ist uns dazu gegeben, um an unserer eigenen Umkehr zu arbeiten, um an den Dingen des Himmelreichs mitzuwirken und um in dieser Liebesverbindung zu wachsen. Wir aber beschäftigen uns meist mit ganz anderen Dingen und vergessen, dass wir eine unsterbliche Seele haben! Wie sagt doch die Jungfrau Maria in Medjugorje: „Ihr beschäftigt euch mit vielen Dingen, doch die Seele kommt zuletzt." Wir verzögern so unsere Reinigung, obwohl uns Gott seinerseits alle möglichen erforderlichen Gelegenheiten auf Erden gibt, um rein genug zu sein, bevor wir vor Ihn treten. Der heilige Johannes vom Kreuz († 1591) sagt uns sinngemäß: Wenn wir alle Gelegenheiten wahrnehmen, die uns Gott auf Erden anbietet, um uns zu reinigen, und alle Prüfungen und selbst die Reue, die Er in uns erweckt – wenn wir sie in Dankbarkeit annehmen (nicht mit Bitterkeit) und sie dem Herrn aufopfern, dann kommen wir direkt in den Himmel. Denn diese Prüfungen ersetzen uns das Fegefeuer. Gott schenkt jeder Seele genug Gnaden, damit sie direkt in den Himmel kommen kann.

Warum kommen so wenige Seelen direkt in den Himmel? Weil wir uns beklagen, wir motzen, wir meckern, wir wehren uns gegen den Herrn. Wir sind nicht zufrieden, wir protestieren gegen das Kreuz. Manchmal sogar lästern wir Gott, wenn wir vor einer Prüfung stehen. Wir beschäftigen uns mit anderen Dingen als mit der Ehre Gottes. Und wenn dann unsere Todesstunde kommt, sind wir nicht gereinigt, weil wir die vielen Gelegenheiten verpasst haben! Dann gewährt uns der Herr in Seiner unendlichen Güte eine zusätzliche Zeit, eine Frist, eine weitere Gelegenheit, um uns zu reinigen, eine Art Etappe zwischen Erde und Himmel, das ist das Fegefeuer.

Im Fegefeuer reinigt uns weder die Strafe Gottes noch das Leiden an sich. Was uns reinigt ist die Liebe, das Feuer der Liebe. Jeder Mensch begegnet Gott in der Stunde seines Todes. Aus Liebe zu Ihm werden wir dann von einem unendlichen Schmerz erfüllt, weil wir Ihn auf Erden so wenig geliebt haben. Es ist ein Leiden aus Liebe, eine Sehnsucht aus Liebe. Die Seelen leiden unter dem verzehrenden Wunsch, die unendliche Liebe zu schauen. Das Fegefeuer ist ein Ort großer Liebe! Die Seelen, die sich dort befinden, möchten für nichts auf der Welt auf die Erde zurückkehren. Sie sind glücklich, gerettet zu sein, sie sind sich ihrer ewigen Glückseligkeit gewiss. Sie wissen, dass sie auf ewig bei Gott sein werden, und diese Gewissheit schenkt ihnen große Freude inmitten ihrer Leiden.

Das Fegefeuer ist allerdings auch ein Ort der Dunkelheit, weil die Seelen den so sehr geliebten Gott noch nicht sehen können. Gemäß der Überlieferung von Mystikern verursacht ihnen diese fehlende Anschauung große Schmerzen, größere Schmerzen als die schlimmsten körperlichen Leiden auf Erden. Gott nicht zu sehen, ist für sie eine echte Tortur! Die großen Liebenden können dies im Ansatz verstehen. Das geliebte Wesen nicht mehr zu sehen, wenn man bereits seine unaussprechliche Liebe gekostet hat, ist eine wahre Herzensqual.

Wir brauchen mehr Mystikerinnen wie Mirjam, Katharina von Siena, Schwester Faustyna, wir brauchen Zeugen, die mit außerordentlichen himmlischen Besuchen gesegnet worden sind, um uns daran zu erinnern, dass die Seelen im Fegefeuer begierig auf unsere Gebete warten! In der Tat können wir durch unsere Gebete die Leiden unserer Lieben und der Menschen, die uns vorausgegangen sind, im Fegefeuer abkürzen. So ist es z. B. segensreich, eine Stunde für die Anbetung des Allerheiligsten Sakraments zu opfern oder eine Messe lesen zu lassen, um eine Seele von ihren Leiden im Fegefeuer zu befreien. Vicka Ivankovic, die Seherin von Medjugorje, die das Fegefeuer gesehen hat, sagte mir einmal: „Wenn du ein einziges Mal diese leidenden Seelen sehen könntest, würdest du an keinem einzigen Tag vergessen, für sie zu beten! Du würdest das Fegefeuer leeren wollen!"

Papst Johannes Paul II. erinnerte uns in seiner großen Verkündigungsbulle für das Heilige Jahr 2000 daran: „Im geistlichen Bereich lebt keiner nur für sich allein. Und die heilsame Sorge um das eigene Seelenheil wird erst dann von Furcht und Egoismus befreit, wenn sie zur Sorge auch um das Heil des anderen wird […] Das ist die Wirklichkeit […] des Gebetes als Weg zur Vereinigung mit Christus und mit seinen Heiligen. "

In ihrem großen Mitgefühl für die leidenden Menschen setzte Mirjam diese Kraft des Gebets bis zu ihrem letzten Atemzug ein! Und heute, vom Himmel her, versteht es sich von selbst, dass ihre Fürsprache noch an Kraft zugenommen hat. Warum sollten wir nicht davon profitieren und die Kirche davon profitieren lassen?

Die Stigmata

Setzen wir nun Mirjams Lebensgeschichte fort. Wir finden sie in einem Vorort von Marseille bei den Schwestern des heiligen Josef von der Erscheinung wieder, wo sie liebevoll im Jahr 1865 aufgenommen wurde. Man wies ihr Arbeiten in der Küche zu, die sie eifrig, pünktlich und im Gehorsam erledigte. Der Herr ließ zu, dass sie einmal von einer auswärtigen Küchenhilfe, die manchmal besonders gemein war, eine Ohrfeige erhielt, in deren Folge sich eine kochend heiße Suppe über ihre Brust ergoss. Trotz der Schmerzen arbeitete sie weiter, ja, sie segnete diese Aushilfe noch! Bei allen Demütigungen blieb Mirjam ein Muster an Geduld, Vergebung, Barmherzigkeit und Zurückhaltung.

Zu dieser Zeit erhielt Mirjam auch die Stigmata. Im August 1866 sah sie in der Ekstase vor dem Allerheiligsten Jesus blutüberströmt und mit offener Seitenwunde, der sich bei seiner Mutter über die Beleidigungen, die Seinem Vater zugefügt werden, bitter beklagte. Daraufhin bat Mirjam: „Mein Heiland, gib mir, wenn es Dir gefällt, all diese Leiden, aber habe Erbarmen mit den Sündern." Seitdem schmerzte und blutete ihre Seite jeden Freitag.

Diese Erfahrung der Durchbohrung des Herzens, der „Transverberation", machten verschiedene Heilige (z. B. die heilige Teresa von Ávila, die heilige Katharina von Siena, der heilige Pater Pio). Jesus selbst ist gekommen, um das Herz Seines Jüngers zu durchbohren, indem Er ihm den Abdruck Seines eigenen durchstochenen Herzens hinterlässt. Von nun an ist es nicht mehr das Herz des Heiligen, sondern das Herz Jesu, das in seiner Brust schlägt. – Während ihres ganzen Lebens wird bei Mirjam diese Vereinigung ihres Herzens mit dem Herzen Jesu im Vordergrund stehen. Die außergewöhnliche Barmherzigkeit, die in ihrem Herzen brannte, kam wirklich von der Barmherzigkeit des Herzens Jesu.

Am Mittwoch, dem 27. März 1867, erlebte Mirjam eine weitere Ekstase: In dieser pflückte sie Rosen für den Marienaltar, doch die Dornen der Rosen gruben sich in ihre Hände und Füße. Zwei Tage später, am Fest der heiligen fünf Wunden unseres Herrn, brachen die Wunden auf – der Herr hatte erlaubt, dass Seine Wunden ihren Abdruck auf Mirjams Körper hinterlassen. Diese Stigmata sind die außergewöhnlichen Zeichen eines zutiefst mystischen Lebens sowie Ausdruck von Mirjams tiefem Mitgefühl und ihrer Leidensbereitschaft.

Es gibt große Mystiker, die von anderen nicht wahrgenommen werden. Der Herr verbirgt sie vor den Augen der Menschen. Ihre Seele ist tief mit dem Herrn verbunden, doch sie weisen keine sichtbaren Zeichen außergewöhnlicher Phänomene auf. So verstand Mirjam diese Phänomene zuerst als „Krankheit" und betete inniglich um Heilung. Deshalb hörten die Wunden für längere Zeit manchmal auf zu bluten und vernarbten, bis sie sich aufs Neue zeigten. Am 7. April 1876 schließlich lässt der Herr Mirjam wählen zwischen einem kurzen Leben mit den offenen Wunden oder einem längeren ohne die sichtbaren Stigmata, jedoch mit unsichtbaren Schmerzen. Mirjam wollte die Entscheidung dem Herrn überlassen. – Am 20. April schlossen sich die Wunden für immer.

Die Ekstasen

Mirjam verbrachte beinahe täglich, manchmal mehrmals am Tage, Stunden in Ekstase, in denen sie sich mit dem Herrn unterhielt, Ihn inmitten dieser Welt betrachtete, in den Seelen, im Himmel und wo auch immer Er war. In diesen Momenten, von denen sie an jedem Ort und zu jeder Zeit überrascht werden konnte, verband sie sich mit Seinen Leiden, Seinen Wünschen, Seinen Gebeten, wobei sie das Bewusstsein für die Umwelt verlor.

Jedes Mal, wenn Mirjam wegen einer Ekstase das Offizium, die gemeinsame Erholung oder eine Mahlzeit versäumte, war es ihr sehr peinlich. Dann entschuldigte sie sich nicht mit: „Ich hatte eine Ekstase", sondern sie sagte: „Ich war eingeschlafen"; und sie bat die Mutter Oberin: „Hindern Sie mich am Einschlafen!" Sie versuchte dagegen anzukämpfen, wurde aber oft „fortgerissen", wenn sie am wenigsten daran dachte. Sie war sehr verlegen und beschämt, wenn sie Dinge auf andere Weise als die anderen machte. Diese Demut zeigt die Aufrichtigkeit ihres Herzens inmitten all dieser mystischen Ereignissen.

Im Karmel

Als der Tag ihrer Einkleidung bei den Schwestern vom Heiligen Josef kam, wurde entschieden, dass Mirjam nicht zugelassen werden könne. Die Ratsmitglieder des Institutes befanden, dass sie nicht ganz der apostolischen Berufung der Schwestern vom Heiligen Josef entsprach. Sie war ihnen gewissermaßen zu mystisch veranlagt und sollte auf ein kontemplativeres Leben vorbereitet werden.

So verlässt Mirjam am 30. Mai 1967 das Kloster der Schwestern vom Heiligen Josef, um dem Karmel von Pau (in der Nähe von Lourdes) beizutreten. Kaum angekommen, spürt sie in ihrem Innersten, wie sehr ihr diese Berufung zum Karmel zusagt. Sie schätzt die Klausur, die Stille, dieses Leben der Entsagung und Demut sowie die Praxis des Gehorsams. Sie erhält den Ordensnamen „Schwester Maria von Jesus dem Gekreuzigten".

Mirjam beginnt das Noviziat als Chorschwester. Sie tut sich jedoch schwer damit, das Lesen, Latein und Französisch zu lernen. Eigentlich will sie lieber eine Laienschwester bleiben. Doch erst 1871 sollte man auf diesen ihren Wunsch eingehen. Das Amt einer Laienschwester besteht darin, sich um die groben Arbeiten des Klosters zu kümmern (Küche, Wäsche, Reparaturen usw.), sowie die für die Gemeinschaft notwendigen Einkäufe zu erledigen und die Lieferungen anzunehmen. Hier, im Karmel von Pau, wird Mirjam dem Bösen höchstpersönlich auf ganz eigene Weise begegnen, wie später geschildert werden wird.

Msgr. Maria Ephrem, ein Karmelitenpater, bittet die Schwestern des Karmels von Pau um die Gründung eines Klosters in Indien. Schwester Maria von Jesus dem Gekreuzigten ist unter den sechs Schwestern, die sich im August 1870 auf den Weg dorthin machen. Die Reise wird sehr beschwerlich sein, drei Schwestern werden unterwegs in dem ungewohnten Klima einer Erkrankung erliegen. Auch Schwester Mirjam wird krank, doch als sie am Grab ihrer Mitschwester diese darum bittet, die Krankheit von ihr zu nehmen, wird sie noch in derselben Stunde geheilt. – Am 17. November treffen sie in Mangalore ein. In diesem Karmel wird Mirjam am 21. November 1871 ihre ewige Profess ablegen.

Das innere Martyrium

In diesem Karmel in Mangalore geschah es auch, dass die junge Schwester vom Bösen angegriffen und einer schweren Prüfung unterzogen wurde. Obgleich sie sich im Kloster von Pau der Liebe und Achtung ihrer Mitschwestern erfreute, hatte der Herr andere Pläne mit ihr für ihren Aufenthalt in Mangalore. Er ließ zu, dass sie in ein schreckliches Leiden gestürzt wurde, eines der Leiden, das Er selbst auf Erden gut gekannt hatte: den Schmerz, von den eigenen Leuten verstoßen zu werden, besonders aber von den Oberen der eigenen Religion. Stellen Sie sich Jesus vor, von den Hohenpriestern und dem ganzen Sanhedrin der Gotteslästerung beschuldigt! Stellen Sie sich Jesus vor, von Seinem Volk verstoßen und zum Tode verurteilt! Für Schwester Maria von Jesus dem Gekreuzigten, deren Name auf eine ganz besondere Verbindung mit der Passion Christi verweist, begann dieses innere Martyrium.

So geschah es, dass Mirjam schon bald nach der Profess von ihrer ganzen Gemeinschaft, von ihrer Mutter Oberin selbst, ja auch von dem dortigen Bischof beschuldigt wurde, im spirituellen Wahn zu leben. Man zweifelte daran, dass es der Geist Gottes sei, der sie inspirierte. Es wurde behauptet, Mirjam ließe sich vom Geist der Finsternis leiten, die Visionen seien Frucht ihrer Phantasie und die Wundmale selbst verursacht. Mirjam jedoch gehorchte nur der Anweisung des Herrn, sich ausschließlich dem Beichtvater anzuvertrauen. Diese Zurückhaltung wurde ihr als Mangel an Offenheit und als Ungehorsam ausgelegt.

Tatsächlich war jedoch Satan am Werk, der sie aus dem Kloster treiben wollte und zu einem Verhalten zwang, dem sie sich nicht widersetzen konnte, sie selbst empfand keine Schuld: „Wenn ich daran denke, dass ich die Klausur des Karmels von Mangalore übertreten habe, um zu entfliehen, empfinde ich keine Reue, sondern ich danke Gott tausend Mal dafür, etwas anderes kann ich nicht tun, ich wurde gegen meinen Willen dazu getrieben." Man muss darauf hinweisen, dass Mirjam im Grunde ihres Herzens in all diesen dunklen Stunden die innere Ruhe bewahrte. Im November 1872 kehrte sie in den Karmel von Pau zurück.

Der Herr, der diese vorübergehende Blindheit ihrer Vorgesetzten zugelassen hatte, erlaubte schließlich, dass alles ans Tageslicht kam. Die Oberin des Karmels von Mangalore schrieb einen Brief an den Karmel von Betlehem und an Mirjam selbst, um mitzuteilen, dass sie vom Heiligen Geist erleuchtet worden sei und um Verzeihung bitte. Demütig erklärte sie, dass sie sich getäuscht habe, dass sie es gut gemeint habe, dass sie jedoch verblendet gewesen sei. Sie widerrief alle negativen Urteile, die über Mirjam gefällt worden waren. Somit hat endlich die Wahrheit gesiegt. Mirjam kann wieder in Frieden in ihrem Karmel leben und wird von ihren Mitschwestern und von der ganzen Gemeinschaft vollkommen angenommen.

Wenn der Herr diese Prüfung für Mirjam zuließ, so geschah es, um sie wachsen zu lassen. Er wollte sich mit ihr verbinden in dem, was Er selbst auf Erden durchgemacht hat. Er wollte auch Seine kleine Braut stärken und sie auf die Gründung eines neuen Klosters vorbereiten.

Im Himmel entworfene Pläne

Mirjam erhält die göttliche Eingebung, noch zwei Karmel in Palästina zu gründen. Eine merkwürdige Sache! Denn gegen Ende des 19. Jahrhunderts hatte Palästina eine türkische Regierung, und niemand konnte sich die Gründung eines kontemplativen Klosters dort vorstellen. Aber Mirjam bekommt von unserem Herrn Jesus den ausdrücklichen Auftrag, zunächst einen Karmel in Betlehem und später auch einen in Nazaret zu gründen. „Über der Wiege meines Vaters David," wie ihr der Herr erläutert. Hier geschieht etwas ganz Einzigartiges: Jesus kommt fünf Mal in Mirjams Zelle und zeigt ihr das Kloster in Betlehem, welches sie gründen soll! Ein vom Himmel entworfenes Projekt!

Mirjam sieht zunächst das Kloster im Ganzen, dann öffnet es Jesus vor ihren Augen, damit sie auch das Innere sehen kann. Sie erhält alle Maße und Details, die sie Pater Bordachar geben wird, damit er den Plan gemäß dem Willen unseres Herrn anfertige. Das Kloster hat die Form eines Kreises, in dessen Zentrum sich ein Garten befindet. Jesus erklärt Mirjam auch, wie sie von Rom die Genehmigung zur Gründung dieses Klosters erhalten könne, wie sie den Patriarchen verständigen solle, wo die Geldgeber zu finden seien usw. Die Genehmigung zu bekommen, erfordert eine Folge kleiner Wunder. Mit einem Wort, Himmel und die Erde haben zusammengearbeitet, um dieses Werk zu verwirklichen!

Mirjam wird also im August 1875 mit mehreren anderen Schwestern ins Heilige Land gesandt, um dieses Kloster zu gründen. Der Karmel in Betlehem besteht heute noch. Wie ein Turm gebaut, ähnelt er einer sehr imposanten Festung. Der Herr hatte sehr wohl den Grund dafür angegeben: Es sollte ein Ort des Kampfes sein, ein Ort, an dem die Schwestern gegen die Mächte des Bösen kämpfen, um den Sieg des Lichtes zu erringen, und dies für alle Seelen, die mystisch den Karmelitinnen anvertraut worden sind. Diese Art Zitadelle, dieser „Wachturm" mit seinen außerordentlich hohen und dicken Mauern, weist gut auf diese Berufung hin.

Wie der Herr es angedeutet hat, ist dieser Karmel genau dort errichtet worden, wo David seine Schafe hütete. Mirjam bestand darauf, dass der Altar direkt über der „Grotte Davids" errichtet wurde, dort, wo dieser von den Händen des Propheten Samuel zum König von Israel gesalbt wurde (vgl. 1 Sam 16,2–13). Es ist ein Ort, an der Flanke eines Hügels gelegen, von dem großer Segen ausgeht. Gemäß dem, was Jesus Mirjam offenbarte, ist es auch der Ort, wo sich Josef und Maria ein wenig ausruhten, um zu beten, bevor sie hinunter ins Dorf gingen, um eine Unterkunft für die Geburt ihres Kindes zu finden. Es sind wirklich das Alte und das Neue Testament, die auf diesem bescheidenen Hügel aufeinandertreffen! Jesus hat Mirjam versprochen, dass dieser Karmel bis zu Seiner glorreichen Wiederkehr unversehrt erhalten bleiben werde.

Am 25. November 1878 zog man in das noch unvollendete Kloster ein. Was an diesem Kloster besonders auffällt, ist, mit welcher Einfachheit Jesus jedes Detail geplant hat. Die Rundungen sind sanft gehalten, alle Türen sind verhältnismäßig niedrig und gewölbt, genauso, wie Jesus sie im ersten Jahrhundert gekannt und wie er sie in der Werkstatt seines Vaters Josef mit eigenen Schreinerhänden angefertigt hatte. Die Größenverhältnisse strahlen Harmonie aus.

Mirjam leitete die Bauarbeiten, und wenn die arabischen Arbeiter hier oder dort etwas hinzufügten (die Araber sind vernarrt in Verzierungen!), dann kam der Herr zu Mirjam und sagte ihr: „Sie haben in dieser oder jener Ecke eine Zierleiste hinzugefügt, lass sie wieder entfernen." Jesus war sehr strikt, was die Verwirklichung Seines Planes anging. „Ein Karmel, der zu Ehren der armen Krippe gebaut wird, muss ein Vorbild der Armut sein!", hatte Er zu Mirjam gesagt. Diese Zusammenarbeit zwischen Jesus und Mirjam ist bewegend, einmalig! Es ist ergreifend, diesen Karmel zu betreten und sich zu sagen, dass es Jesus war, der sowohl die Pläne wie auch die Dekoration dafür inspirierte. Man kann dort einen Aspekt des Geschmacks Jesu entdecken.

Die Kapelle der Schwestern ist besonders beeindruckend. So befinden sich z. B. die Fenstersimse oberhalb der Köpfe, wenn man in der Kapelle steht. Auch daran erkennen wir eine Botschaft Jesu: Eine Karmelitin im Gebet darf nur den Himmel sehen! Man sieht weder Bäume noch Häuser noch die umliegenden Hügel, man sieht nur den Himmel. Eine Karmelitin ist dazu eingeladen, sich mit den Dingen des Himmels zu befassen, sie soll durch ihr Leben und ihr Gebet die ganze Welt zum Himmel führen. So ist es! Der ganze Karmel ist so konzipiert, und man findet dort eine Quelle, die sehr reich an Lehren ist.

Mirjams Zeit wird knapp

Schwester Maria von Jesus dem Gekreuzigten wird ungefähr drei Jahre im Karmel von Betlehem bleiben, um sich um die Bauarbeiten zu kümmern. Mirjam setzt ihren Dienst der Fürsprache und der Selbstaufopferung für die Welt fort, inmitten großer Freuden und Leiden an Körper und Seele, und alles gemeinsam mit Christus. Aber sie erlebt das alles mit Gelassenheit. Sie ist bekannt für ihre gute Laune, für ihre Fröhlichkeit und für ihren impulsiven Charakter. Sie ist dafür bekannt, Trostworte und Worte der Hoffnung zu spenden, die ihre Mitschwestern benötigen, selbst in den größten Schwierigkeiten. Sie strahlt über das ganze Gesicht und selbst Schismatiker und Moslems lieben und verehren sie.

Doch ihre Zeit wird knapp. Gemäß ihrer eigenen Voraussage wird sie im im 33. Lebensjahr sterben. Noch in ihrem letzten Lebensjahr bereitet sie die Gründung des Karmels in Nazaret vor. Auf einer Reise dorthin kommt sie auch nach Schef-Amer, das nicht weit von ihrem Geburtsort Abellin liegt. Nachdem sie die Erlaubnis der Mutter Oberin erhalten hatte, macht sie sich dorthin auf den Weg. Sie betet erstmals wieder in der Kirche, in der sie getauft worden ist, spricht mit ihrem Taufpaten und zeigt den Mitschwestern ihr Geburtshaus.

Aus Nazaret zurückgekehrt, wird sie immer schwächer und leidet unter einem schlimmen Husten und Erstickungsanfällen. Eines Tages, als sie zwei Wassereimer einen steilen Pfad hochschleppt, stürzt sie erschöpft und bricht sich einen Arm. Sie bekommt Wundbrand, eine unheilbare Krankheit im ausgehenden 19. Jahrhundert. Mirjam wird an diesem Wundbrand sterben, doch sie selbst sagt: „Dir sei Dank, o Jesus, dir sei Dank, o Maria! Alles vergeht, alles ist aus. Nicht der Arm ist es, der mir das Leben nimmt, das hier ist es", und sie deutet auf ihr Herz.

Mirjam stirbt im Kreis der Karmelfamilie unter der Anrufung der Barmherzigkeit Gottes. Sagen wir lieber, sie wurde in den Himmel geboren! Es ist der 26. August 1878, kaum fünf Jahre nach der Geburt einer anderen großen Karmelitin, der kleinen Theresia vom Kinde Jesus.

Die selige Miriam von Abellin im Habit der Karmeliten

II. Mirjam, das Prophetenkind

Komm, mein Tröster!

Wenden wir uns jetzt den Hauptpunkten von Mirjams Botschaft zu, denn es sind reine Erleuchtungen für unsere Zeit. Der Herr hat zugelassen, dass diese Botschaft über hundert Jahre im Schatten blieb, und es ist kein Zufall, dass sie gerade jetzt ans Tageslicht kommt. Denn unsere Generation braucht sie mehr denn je!

Ich möchte mit einer Botschaft Mirjams beginnen, die direkt an die Kirche gerichtet ist und die den Heiligen Geist betrifft. Wir wissen, dass im 19. Jahrhundert die Verehrung des Heiligen Geistes in der katholischen Kirche nicht gerade vorrangig war! Gemäß des Zeugnisses ihrer Mitschwestern entwickelte Mirjam eine außergewöhnliche Verehrung für den Heiligen Geist. Sie hatte immer dieses Gebet auf den Lippen, das ihr während einer Betrachtung im Mai 1869 eingegeben worden war:

> O Heiliger Geist, beseele mich.
> O Gottes Lieb, verzehre mich.
> Den Weg der Wahrheit führe mich.
> Maria, Mutter, schau auf mich.
> Mit deinem Jesus segne mich.
> Vor aller Täuschung und Gefahr,
> Vor allem Übel mich bewahr!

An allen Orten und in allen Situationen betete Mirjam zum Heiligen Geist. Sie rief Ihn mit ganzem Herzen an. Sobald es galt, eine Entscheidung, eine Initiative oder eine

Wahl zu treffen, sobald es ein Problem zu lösen gab, flehte sie zum Heiligen Geist. Sie rief zu Ihm mit den Worten eines Kindes: „Komm, mein Trost, meine Freude. Komm, mein Friede, meine Stärke, mein Licht. Komm, erleuchte mich, damit ich die Quelle finde, an der ich mich erquicken kann!"

Sie rief Ihn ohne Unterlass an und lebte ganz aus Ihm und mit Ihm. Man muss erwähnen, dass Mirjam wirklich glaubte, die Erste der Unwissenden zu sein, sodass sie ganz von der Erleuchtung des Heiligen Geistes abhängig war. Ohne den Heiligen Geist, der sie über Jesus und die Geheimnisse des Glaubens aufklärte, hätte sie nichts gewusst. Deswegen wiederholte sie ständig: „Der Heilige Geist verweigert mir nichts. Der Heilige Geist schlägt mir nichts ab!"

Eines Tages erhält Mirjam vom Herrn Jesus eine ganz klare Bitte, die für die ganze Kirche von Bedeutung ist: „Wer auch immer den Heiligen Geist anruft, der wird Mich suchen und wird Mich finden. Sein Gewissen wird so zart sein wie die Blume des Feldes. Und wenn es ein Familienvater oder eine Familienmutter ist, so wird in dieser Familie Frieden herrschen und er wird Frieden im Herzen haben, sowohl in diesem Leben wie auch im anderen. Er wird nicht in der Finsternis sondern im Frieden sterben."

Hier ist der für die Priester bestimmte Teil der Botschaft: „Ich verlange von dir dringend: Verkünde, dass alle Priester, die einmal im Monat die Messe zu Ehren des Heiligen Geistes lesen, Ihn tatsächlich ehren. Und wer immer Ihn ehrt und der Messe beiwohnt, wird vom Heiligen Geist selbst geehrt, weil er das Licht in sich hat; der Frieden wird im Grund seines Herzens sein. Er selbst wird

kommen, die Kranken zu heilen und die Schlafenden auf-
zuwecken." Und weiter: „Jeder Priester, der diese Andacht
predigt, wird erleuchtet werden, wenn er zu anderen
davon spricht."

Ich habe mit vielen Priestern darüber gesprochen, und
diejenigen, die durch diese Botschaft erreicht worden
sind, bezeugen, dass diese von Jesus geforderte Praxis
wirklich ihr ganzes Gebets- und Priesterleben verändert
hat. Welch herrliche Botschaft! Welch herrliches Ver-
sprechen des Herrn! Mirjam übermittelte diese Botschaft
ihrem Bischof, und sie bat ihn im Auftrag des Herrn, diese
an den Heiligen Vater, Papst Pius XI., weiterzugeben.

Niemand wird mir glauben!

Nachdem Jesus Mirjam Seine Botschaft anvertraut hatte,
antwortete sie: „Aber ich, o Herr, was kann ich denn tun?
Niemand wird mir glauben, Du siehst ja den Zustand, in
dem ich mich befinde!" Aber Jesus beruhigte sie: „Wenn
die Zeit gekommen ist, werde Ich alles selbst tun und du
wirst nichts sein."

Heben wir hier eine interessante Tatsache hervor: Beim
Übergang ins 20. Jahrhundert, in der Nacht vom 31. Dezember 1899 auf den 1. Januar 1900, kurz nach dem Tod
von Mirjam, weihte Papst Leo XIII. die ganze Kirche dem
Heiligen Geist. Man hat allen Grund zu denken, dass neben
den Briefen der seligen Elena Guerra († 1914) auch das Gebet
Mirjams und ihre an Rom gerichteten Bitten zur Entscheidung Leos XIII., diese Weihe durchzuführen, beigetragen
haben! Zuvor schon hatte er in seiner Enzyklika *Divinum
illud munus* vom 9. Mai 1897 eine Novene zum Heiligen
Geist als Vorbereitung auf das Pfingstfest angeordnet.

Was Mirjam am meisten beeindruckte, war, dass die Gnade, sich vom Heiligen Geist leiten zu lassen, allen Seelen gegeben wurde. Und sie liebte es, immer wieder zu wiederholen: „Wir haben einen Heiligen Geist!" Es tat ihr sehr weh, sehen zu müssen, dass die Welt, sogar manche Christen und Geistliche, so lebten, als ob der Heilige Geist nicht existierte.

Sie hörte eine Stimme, die ihr sagte: „Die Welt und die religiösen Gemeinschaften suchen nach neuen Andachten und vernachlässigen dadurch die wahre Verehrung des Trösters. Deshalb gibt es so viel Irrtum und Zwietracht und so wenig Frieden und Licht." Die Stimme betonte, dass man in diesen Gemeinschaften und unter den Christen nicht so um göttliche Erleuchtung beten würde, wie man es sollte. Nun sei es aber gerade das Licht, das uns die Wahrheit erkennen lässt. Selbst in den Priesterseminaren versäume man diese Verehrung des Heiligen Geists.

Dieser grundlegende Mangel war für sie eine Quelle großen Leidens. Täglich machte sie die Erfahrung, dass man mit dem Heiligen Geist wirklich alles hat, was zum Leben im Licht notwendig ist! Sie hat nie verstanden, wie man einer solchen Gabe Gottes keine Aufmerksamkeit schenken konnte.

Warum liegt die Welt in Finsternis?

Die Stimme sagte auch: „Verfolgung und Eifersucht herrschen unter den religiösen Orden, daher kommt es, dass die Welt in Finsternis liegt." Und ein andermal hörte Mirjam: „Die Priester sind nicht einig untereinander, ebenso wenig die Ordensleute. Jeder will die Ehre für sich beanspruchen. Ich sage es euch in Wahrheit, drei Mal in Wahrheit: Wer immer geehrt sein will, den werde ich verachten, und wer immer verachtet sein will, den werde ich ehren!' Es sind gerade die geweihten Seelen, die Ordensbrüder und -schwestern, die Priester, die den Auftrag erhalten haben, den Heiligen Geist auf die Erde herabzurufen. Sie tragen eine große Verantwortung. Wenn sie es versäumen, den Heiligen Geist anzurufen, dann liegt die ganze Welt in Finsternis.

Und die Dinge sollten mit der Zeit noch schlechter werden. Der Herr hatte ihr offenbart, dass es großen Nachwuchsmangel in den religiösen Orden und bei den Priestern geben und dass dies Finsternis auf die ganze Welt herabziehen werde. Bezüglich der Seelen, die Gott nicht kennen, sagte ihr Jesus, dass man diese Seelen deshalb in die Finsternis fallen lassen würde. Zusammen mit Christus litt Mirjam gewaltig darunter.

In unserem Jahrhundert, in dem so viele Menschen nicht mehr wissen, welchem Weg sie folgen sollen, in dem in vielen Bereichen geistige Verwirrung herrscht, verweist Mirjam auf eine ganz einfache Lösung, die uns vom Herrn selbst in der Heiligen Schrift gegeben wurde: „Der Paraklet wird euch an alles erinnern, was Ich euch gesagt habe." Es gibt nicht tausend andere Lösungen. Es ist der Heilige Geist, den wir zu Pfingsten empfangen haben, der uns erleuchtet!

Die Versuchung durch Satan

Ein anderer wichtiger Punkt in der Botschaft Mirjams betrifft die Machenschaften Satans, über die unsere heutige Welt so gerne schweigt. Nun ist es so, dass, um in unserem geistigen Kampf den Sieg zu erringen, es wesentlich ist, nicht nur die Identität des Feindes, sondern auch seine Taktiken und Handlungsweisen zu kennen. Das ermöglicht es uns, die geeigneten Waffen zu ergreifen, um ihn zu überwinden. Ich habe das folgende Zeugnis im Buch von Pater Estrate, dem geistigen Vater Mirjams, gefunden, der ihr Vertrauen besaß. Dieser Bericht ist für uns heute unendlich wertvoll, weil der Herr Mirjam erlaubte, die Intrigen Satans aufzudecken.

Während ihres Aufenthalts im Karmel von Pau erlebte Mirjam eine ähnliche Prüfung wie Ijob: Eines Tages gab Gott Satan die Erlaubnis, Seinen Diener Ijob auf die Probe zu stellen. Satan verlor keine Zeit. Er prüfte Ijobs Treue zu Gott, indem er ihm auf grausame Weise alle irdischen Dinge, außer seinem Leben, wegnahm, um ihn dazu zu bringen, Gott zu lästern. Aber Ijobs Treue zu Gott blieb unerschütterlich, und Satan scheiterte auf ganzer Linie. Ijob wurde nach diesem „Besuch des Teufels" sogar sieben Mal mehr gesegnet als vorher: in seinem Leben, in seinen weltlichen Gütern sowie in seinem persönlichen Charakter.

Nun, Satan hat mit Mirjam etwas Ähnliches gemacht: Er ging zu Gott, um die Erlaubnis zu erhalten, sie auf das Härteste zu prüfen, sie zu versuchen und sogar vierzig Tage lang Besitz von ihrem Körper zu ergreifen. Satan, der Feind schlechthin, war wütend, da er erkannte, wie viele Seelen diese kleine Araberin, wie er sie nannte, ihm wegnahm. Zu Tausenden entriss sie diese Seelen der Finsternis, um sie Gott darzubieten. Wir werden Zeugen einer wirklich ergreifende Auseinandersetzung zwischen dem Bösen und Mirjam. Satan unterwarf sie einer richtigen

Folter. Aber sie durchlebte all diese seelischen und körperlichen Leiden in großer Treue zu Gott und im ständigen Gebet.

Hier sollen einige Bruchstücke des Dialogs wiedergegeben werden, der zwischen Satan und Mirjam entbrannte und von den Schwestern des Konvents und einigen Priestern, die sich in der Nähe von Mirjam befanden, mitgehört wurde. Einige Male wandte sich Satan auch direkt an die Umstehenden.

Von Anfang an begründete Satan seine Wut mit den „bösen Malen", die er ausmerzen wolle: „Diese schlechte Araberin, ich werde sie schon zu brechen wissen! Je älter sie wird, umso mehr wächst mein Zorn, besonders dieser Male wegen", damit meint er die Stigmata, die Mirjam am Körper trug. Dann zwingt Gott Satan, die Intrigen aufzudecken, die er gebraucht, um die Seelen von Ordensleuten ins Verderben zu stürzen. Seien wir sehr aufmerksam wenn wir diese Offenbarungen hören, wir werden uns das sehr zunutze machen können.

Satan fängt an zu prahlen: „Hört nur her! Ich habe eine Ordensfrau in England zu Fall gebracht! Seit vorgestern gehört sie uns." Dann erklärt er seine Taktik, eine bei ihm übliche Taktik: „Wenn wir eine gottgeweihte Seele belagern, dann fangen wir damit an, sie mit kleinen Dingen zu versuchen. So haben wir sie überzeugt, dass sie von ihren Vorgesetzten nicht so geliebt werde wie die anderen. Sie hat begonnen, Eifersucht zu empfinden, und das hat sie dazu verleitet, heimlich Briefe zu schreiben. Zum Schluss wollte sie austreten. O wie viele gottgeweihte Seelen holen wir in unsere Reihen, indem wir ihnen den Gedanken eingeben, dass alle sie für unnütz halten, dass niemand sie liebt! Andere gewinnen wir mit dem Begehren, alles zu sehen und zu wissen." Dann fügt Satan noch folgende bedeutungsträchtige Worte hinzu: „Über eine Seele zu triumphieren, die die drei schlechten Worte (womit die drei Gelübde gemeint sind) ausgesprochen hat, bedeutet uns mehr, als eine ganze Stadt zu beherrschen." Das erklärt, warum der Böse ein hauptsächliches Interesse daran hat, gerade gottgeweihte Seelen zu Fall zu bringen.

In der Tat, die spirituelle Reichweite, die einem geweihten Leben anvertraut ist, ist gewaltig im Hinblick auf alle anderen Seelen. Mirjam sagte einmal: „Wenn wir getreu sind, schnell bereit zu gehorchen, ohne unserer Natur zu folgen, verteidigen wir die ganze Stadt!" Daran können wir erkennen, was von einer einzigen Seele abhängt, die Gott die Treue hält!

Das ist nichts Neues, sondern eine biblische Wahrheit: Im Buch Genesis wird uns in einem ergreifenden Dialog zwischen Gott und Abraham ein wunderbares Beispiel dafür gegeben. Abraham legt Fürbitte bei Gott ein, die Stadt Sodom nicht wie geplant zu zerstören. Vielleicht gibt es einige Gerechte in der Stadt, und deshalb könne Gott nicht die Gerechten gemeinsam mit den Sündern vernichten (vgl. Gen 18,16–33). Erinnern wir uns auch an die Episode, die Jeremia erzählt. Gott beklagt sich bei seinem Propheten über Jerusalem: *„Denn so zahlreich wie deine Städte sind auch deine Götter, Juda, und so zahlreich wie die Straßen Jerusalems sind die schändlichen Altäre, die ihr errichtet habt, um dem Baal zu opfern"* (Jer 11,13). Etwas später sagt der Herr, wenn Er nur eine einzige gerechte Seele in Jerusalem fände, dann würde Er die ganze Stadt retten.

Welch eine meisterliche Lehre ist das für uns! Wenn wir unserer völligen Hingabe und unserer Verpflichtung Gott gegenüber treu sind, dann wird der Herr viel mehr Seelen retten und sogar ganze Städte! Mirjam fügt dann noch folgende Worte hinzu: „Halten wir die Regel, die ganze Regel im wahren Geist der Regel, und wir werden alles von Gott erlangen. Der Geist der Regel ist durchaus der Geist des Kreuzes." Und: „Die Ordensregel ist das Martyrium." Denn seine Gelübde treu einzuhalten, die Ordensregeln und den Geist des Ordens treu zu befolgen, das bedeutet wirklich, sich bis zum Martyrium hinzugeben. Und durch dieses Martyrium aus Liebe kann der Herr eine Vielzahl von Seelen retten.

Sich selbst bis zum Martyrium hingeben

Der Böse gibt Mirjam gegenüber seinen Zorn auf die gottgeweihten Seelen und seinem Verlangen Ausdruck, über diese zu triumphieren. Sein Ziel ist es, Mirjam dazu zu bringen, sich nur ein einziges Mal über all die Qualen, die er sie erleiden lässt, zu beklagen. Vorlaut sagte er: „Ich bin der Meister, ich werde die kleine Araberin mürbe machen!"

In diesen vierzig Tagen kann man den Heldenmut Mirjams deutlich erkennen! In ihrer außerordentlichen Nächstenliebe nimmt sie all diese Widerwärtigkeiten, all diese Schmerzen auf sich, um sie Christus gemeinsam mit den Seinen zur Erlösung der Seelen aufzuopfern. Vor allem darin erkennen wir, wie sehr in Mirjam das Feuer der wahren Nächstenliebe brannte, das allein sie befähigen konnte, all ihre Leiden zu ertragen und sie Gott aufzuopfern, ohne zu klagen. Im Gegenteil! Jedes Mal, wenn sie wieder frei war und Augenblicke der Ruhe einkehrten, sagte sie voller Demut: O Jesus! Immer leiden für Dich! Ich bin nicht würdig, für Dich zu leiden!", und: „Leiden wir für die Rose, die heilige Kirche ..." Oder: „Ehre sei Jesus! Ehre sei Jesus!" Und der wütende Dämon sagte: „Was sagt sie da, diese Araberin? Ist das denn die Möglichkeit? Nein, nein, Ehre sei mir! Ehre sei mir!" Darauf erwiderte Mirjam: „Wenn der Geist Gottes in eine Seele herabsteigt, dann bringt Er Ruhe, Frieden und Freude. Du aber, Satan, bringst nur Langeweile, Kummer und Verwirrung." Sie fügte noch hinzu: „Wenn Gott etwas will, kannst du nichts daran ändern. Du musst Jesus gehorchen und dabei zittern."

Diese ununterbrochene Folge von Triumphen der jungen Ordensfrau schwächte Satan und brachte ihn immer mehr in Verlegenheit. Als er erkannte, dass er in jeder Hinsicht verlieren werde, bat er den Herrn, diesen Kampf beenden zu dürfen. Er bedauerte inzwischen, diesen „Deal" vorgeschlagen zu haben, und wollte aufgeben. Aber was antwortete der Herr? „Du hast Mich gebeten, ihren Körper vierzig Tage lang Prüfungen zu unterziehen, und du wirst solange aus der Situation nicht herauskommen, bis die vierzig Tage vorüber sind."

Satan fuhr also auf Befehl des Herrn fort, Mirjam und ihrer Gemeinschaft seine schmutzigen Taktiken zu offenbaren und über sich zu sprechen. So sagte er z. B.: „Die drei mächtigsten Waffen gegen uns sind die Nächstenliebe, die Demut und der Gehorsam." Und er fügte hinzu: „Ich bin der Versucher. Ich säe überall Zwietracht. Ich mache, was ich will!" Hier können wir die Gefahren des Eigenwillens erkennen, im Gegensatz zu Jesus, der zu Seinem Vater sagte: „Nicht Mein Wille, sondern der Deine geschehe!" Einmal nahm Satan einer anwesenden

Schwester den Schleier ab und sagte dabei: „Ich entreiße diesen Schleier, weil ich keine Bescheidenheit mag. Sie macht mich ungehalten!"

Satan beschuldigte Mirjam öffentlich ihrer Sünden. Wir wissen ja, dass der Böse der Ankläger ist, wie ihn auch der heilige Johannes in der Apokalypse charakterisiert. Also klagte Satan Mirjam an. Und was antwortete sie? „Ja, ich bin nur Sünde, aber ich vertraue auf die Barmherzigkeit Gottes." Da schrie der Teufel: „Ein kleines Nichts wird uns alle besiegen, das ist doch unmöglich!"

Mirjam sagte zu ihm, dass er, obwohl er die Macht habe, sie zu quälen und vorübergehend ihren Willen zu brechen, doch nur das tun könne, was ihm sein Meister erlaube. Dieselbe Erfahrung machte Schwester Faustyna Kowalska vierzig Jahre später: Sie hatte es eilig, von der Andacht nach Hause in den Konvent zu kommen, als „eine Menge Teufel" ihr den Weg versperrten. „Ich hörte Stimmen: ‚Sie hat uns alles geraubt, woran wir viele Jahre gearbeitet haben!' […] Ich sah ihren furchtbaren Hass auf mich und bat meinen Schutzengel um Beistand. Sogleich stand seine strahlende Erscheinung neben mir und sagte: ‚Fürchte dich nicht, Braut meines Herrn, diese Geister werden dir ohne Seine Erlaubnis nichts antun.' Sofort verschwanden die bösen Geister und mein treuer Schutzengel begleitete mich – für mich sichtbar – bis zum Haus' (Tagebuch, 419).

Der Teufel musste also den Grund für seine Niederlage öffentlich preisgeben: „Wisst ihr, warum diese kleine Araberin so spricht?", fragt er. „Weil sie dem Meister nachfolgt." Erinnern wir uns an ein Wort Jesu: *„Ich bin das Licht der Welt. Wer mir nachfolgt, wird nicht in der*

Finsternis umhergehen, sondern wird das Licht des Lebens haben" (Joh 8,12). Es ist wirklich das Festhalten Mirjams an Jesus, es ist diese vollkommene Hingabe an den Herrn, die es ihr erlaubte, in aller Ruhe einen Sieg nach dem anderen zu erringen. Sie wandelte in den Fußstapfen ihres Meisters, oder, wie sie sagt: „Ich folge dem Schatten des Königs der Könige", und deswegen war sie so stark.

Einmal sagte Mirjam: „Satan, versuchst du mich gegen die Kirche aufzuwiegeln? Ich liebe die Kirche! Sie ist meine Mutter, und sie wird dir den Kopf zertreten. Meine Mutter, die Kirche, wird nicht zugrunde gehen. Du bist es, der zugrunde gehen wird. Du bist ja bereits einmal vom Himmel gefallen, und seitdem bist du ständig am Fallen." Sie fügte noch hinzu: „Du Elender, man sieht dich erst in der Sterbestunde. Wenn man doch nur dein Gesicht sähe, die ganz Welt würde vor dir fliehen." Und: „Satan, du bist im vollen Licht gefallen, während wir aus Schwäche fallen. Wer dem Licht folgt, hat ein aufrichtiges Herz. Du versuchst die Seelen zu überlisten, Jesus versucht sie wieder aufzurichten. Ich bin nur ein Nichts. Durch Jesus werde ich über dir stehen. Jesus wird mein Licht sein, Jesus wählt die Schwachen aus. Weil ich schwach bin, hat Er mich auserwählt."

Hochburgen, in denen sich Ewigkeiten entscheiden

Aus diesem Dialog zwischen einem Kind des Lichtes und dem Fürst der Finsternis erkennt man die Bedeutung dieser Prüfung für Mirjam. Dies hilft uns, das Ausmaß des geistigen Kampfes, der sich im Unsichtbaren abspielt, zu begreifen, und es zeigt uns, was dabei auf dem Spiel steht: die Seele eines jeden und alle Seelen aller Zeiten!

Besonders während dieser vierzig Tage wurde Mirjam zum Ziel einer verzweifelten Nachstellung desjenigen, der Tag und Nacht daran arbeitet, uns zu zerstören. Aber es ist klar ersichtlich, dass sie in diesem Moment ihre Pflicht als Karmelitin tat. Sie hielt wahrhaftig an ihrer Weihe fest. Dabei gibt es Menschen, die meinen, dass sich hinter den Mauern eines Karmels niemals etwas ereigne, dass diese Existenz hinter Gittern nur vergeudete Zeit sei, verlorene Energie … Welcher Irrtum!

In Wirklichkeit sind die Karmel und alle Ordensgemeinschaften, die ihrer Berufung treu sind, Hochburgen, in denen sich Ewigkeiten entscheiden. Wir müssen dankbar sein für diesen beinahe indiskreten Einblick in die winzige Zelle Mirjams, die in ihrem Karmel so zurückgezogen lebte. Denn diese Offenbarung kommt gerade recht in einer Zeit, in der die Zerstörungen des Bösen mehr denn je zunehmen. Es ist wirklich erleichternd zu erkennen, dass all das Schlechte, das in der Welt geschieht, nicht so sehr unserer Psyche oder unserer unvollkommenen Natur entspringt, sondern dass es von einem wirklichen Feind herrührt, und dass dieser Feind einen Namen hat.

Ja, es handelt sich tatsächlich um eine Person, die uns anzugreift, um eine engelhafte Kreatur, und nicht etwa um eine Art negative Energie, die in den Lüften schwebt ohne Persönlichkeit, wie einige zweifelhafte Geistliche unserer Zeit vermuten. Es ist äußerst wichtig zu begreifen, dass dieser jemand es ist, der in Wirklichkeit Angst vor uns hat! Es ist Satan, der sich vor uns fürchtet, wenn wir zu den Waffen Jesu greifen, um ihn zu besiegen. Diese sind: Demut, Gehorsam und Liebe. Er ist es, Satan, der vor lauter Angst zittert, wenn er vor einer Seele steht, die sich ganz der Liebe hingegeben hat! Jemand, der in der Wahrheit Jesu lebt, hat nicht die geringste Angst vor Satan. Diese Lehre und dieses Beispiel gab uns Mirjam durch ihr Leben.

Wir ersehen daraus, dass Mirjam, um im geistigen Kampf siegreich zu sein, sich vor allem dreier Waffen bediente, in erster Linie der Waffe der Demut.

Die Demut ist glücklich über alles

Am 28. Februar 1873 fragte sie erschöpft den Herrn: „Was tun, mein Gott? Ich habe alle Mittel angewendet, ich habe alle, selbst die stärksten Waffen gebraucht, um den Teufel zu verjagen, und ich habe nichts erreicht." – „Du hast noch nicht alle Waffen eingesetzt", erwiderte Jesus, „du musst dich noch einer kleinen Axt bedienen, die du nicht beachtet hast. Berühre Satan mit dieser Axt an der Stirn, und er wird fallen." Die Schwester sah die Axt, ergriff sie und ging auf ihren Feind los. Kaum hatte sie dessen Stirn mit der kleinen Waffe berührt, da fiel er wie tot zu Boden. „Herr", rief sie aus, „was ist das für eine kleine Axt, dass ihre Kraft so groß ist?" – „Das ist die Axt der Demut", antwortete der Herr. Marjam hörte seitdem nicht auf, die Kraft dieser kleinen Axt zu preisen.

Sie sagte: „Der Stolz, alles bringt ihn außer sich, alles langweilt ihn, alles ärgert ihn, alles erniedrigt ihn. Der Stolz, alles empört ihn, alles betrübt ihn. Er hat Angst in dieser Welt und in der nächsten. Die Demut dagegen schenkt uns Freude in dieser Welt und in der nächsten."

Erinnern wir uns an die Worte der Jungfrau Maria, als sie zu Mirjam kam, um sie zu pflegen. Damals gab sie Mirjam den unbezahlbaren Rat: „Sei immer zufrieden!"

Im geistigen Kampf griff Satan Mirjam gerade in diesem Punkt an. Er versuchte alles, um sie dazu zu bringen, sich zu beklagen, sich gegen ihre Leiden, gegen ihr Schicksal und sogar gegen den Willen Gottes aufzulehnen. Kurzum, er wollte sie sein eigenes Gefühl der Frustration spüren lassen.

Die Jungfrau Maria hatte Mirjam aber gerade die entgegengesetzte Haltung gelehrt: „Sei immer zufrieden!" Das bedeutet: Heiße alles willkommen und betrachte es als eine Gabe Gottes. Nimm alles an! Das ist die wahre Demut. „Demut", sagt Mirjam, „hängt sich an nichts, zürnt über nichts, die Demut ist glücklich; die Demut ist mit allem zufrieden." Bevor sie einmal in Ekstase fiel, hörte man von ihr: „Seid klein, klein wie die Würmer der Erde! Wenn ihr dort (unter der Erde) seid und man über euch einherschreitet, kann man euch nichts anhaben; aber wenn ihr oben erscheint, wird man euch zertreten!"

Und Mirjam sagt uns auch: „Die Demut ist das Königreich des Herzens Gottes." –

Jesus zeigte Mirjam die Hölle und sagte zu ihr: „In der Hölle findet sich jede Art von Tugend, nur die Demut fehlt." Mirjam beschreibt die Demut wunderbar knapp und präzise: „Glücklich sind die Kleinen! Für sie ist überall Platz. Aber die Großen, überall stoßen sie an!" Sie erklärte, dass dem Herrn nichts mehr gefalle als die Demut. Der Herr hatte ihr einmal gesagt: „Einem Priester, der die Keuschheit und Armut sein Eigen nennt und der selbst ein Opfer der Liebe und des Gehorsams geworden ist, dem kann Ich am Altar nichts abschlagen, denn er ist eine lebendige Opfergabe." Das ist ein bedeutender Satz, den man sich merken sollte: „Ich werde ihm nichts abschlagen!" Und er gilt nicht nur für die Priester, sondern für alle Menschen!

Was das Thema „Sünde in der Welt" betrifft, so wollen wir diesen Dialog zwischen Jesus und Mirjam betrachten. Der Herr sagte zu ihr: „Zeig Mir einen Priester, finde Mir einen einzigen, der wirklich nur Mich sucht und der in nichts nach sich selbst sucht, den es nicht kümmert, schöne Reden zu halten, welche Wirkung seine Reden haben könnten." Mirjam erwiderte: „Aber Herr, es gibt noch Priester, es gibt heilige Priester auf Erden!" Jesus: „Wenn sich unter ihnen nur ein einziger finden ließe, der vollkommen losgelöst von sich selbst wäre und der nur nach der Ehre Gottes streben würde, dieser Priester würde Wunder vollbringen. Wunder würden durch seine Hand geschehen." Dies sagte Jesus nicht nur einem Priester zu, sondern jedem von uns! Welche Macht die Demut doch hat!

Die brennende Kerze des Gehorsams

Die zweite Waffe Mirjams ist der Gehorsam. Sie praktizierte den Gehorsam bis zum Heldentum. Wie können wir hier nicht an Jesus und Seine Todesangst im Garten Gethsemane denken? Dort wurde Er von Angst, von Verzweiflung, von tödlicher Traurigkeit und von furchtbaren innerlichen Qualen befallen. Die ganze Hölle hatte sich gegen Ihn verschworen. Und genau zu diesem Zeitpunkt sprach Er *die* Worte des Gehorsams schlechthin: *„Nicht mein, sondern Dein Wille soll geschehen"* (Lk 22,42).

Inmitten ihrer Kämpfe in der Nachfolge Christi bediente sich Mirjam dieser wirksamen Waffe des Gehorsams. Wir wissen, dass der Gehorsam bei den Karmelitern einen wesentlichen Teil der Ordensregel ausmacht, ja, er ist sogar eines der drei Gelübde, die alle Ordensleute ablegen. Deshalb spricht Mirjam auch nachdrücklich über den Gehorsam als einem Weg des Lichtes für ein geweihtes Leben: „Man muss immer gehorchen und seinen eigenen Willen dem der Vorgesetzten unterwerfen. Man darf sich nicht beschweren. Gott mag eine Seele nicht, die nicht gehorcht, die ihr eigenes Werturteil nicht zurücktreten lässt. Man darf nicht mit Jesus handeln. Wenn man etwas für Ihn tut, dann soll man es ganz tun. Er mag keine halben Sachen (sic). Eine Seele, die nicht alles gibt, ist eine lauwarme Seele, und Jesus wird sie aus Seinem Mund ausspeien."

In einem Moment der Ekstase sagte Mirjam zu einer Schwester, die etwas überängstlich war: „Der Gehorsam und die Unterwerfung sind zwei brennende Kerzen, um die Seele in der Finsternis zu erleuchten. Gerade in dunklen Zeiten, furchtbaren Momenten muss man sich vom Gehorsam leiten lassen. Das Schäflein (die Ordensfrau) muss dem Hirten (der Oberin) gehorchen …"

Mirjam hat auch diesen Ratschlag vom Himmel bekommen: „Die Heilige Jungfrau hat mir mitgeteilt, dass der Gehorsam uns immer von allem Unglück und vor allen Fallen Satans bewahrt."

Von allen Geständnissen Satans ist dieses besonders erwähnenswert: „Seit sechs Jahren greifen wir eine Karmelitin in Spanien an. In den ersten zwei Jahren haben wir alles gemacht, um ihr eine Antipathie gegen eine ihrer Gefährtinnen einzuflößen. Wir haben sie gedrängt, nicht mehr mit ihr zu reden, ja, sie nicht einmal mehr anzuschauen, sie aber tat gerade das Gegenteil. Der Meister hat es erlaubt, dass beide von ihrer Oberin für die gleiche Arbeit eingeteilt wurden. Da haben wir uns besonders angestrengt, sie ungeduldig zu machen, aber sie zeigte nur größte Unterstützung und vollkommenste Nächstenliebe. Wir haben auch versucht, sie gegen ihre Reinheit, gegen ihre Kasteiungen, gegen ihre Demut verstoßen zu lassen, aber alles ohne Erfolg. Wir hatten ihr zu verstehen gegeben, sie solle ihre Vorgesetzte, besonders aber ihren Beichtvater öfter aufzusuchen, worauf sie aber noch seltener zu ihnen ging. Wir haben ihre große Tugend gerühmt, die ohne Führung auskommen konnte, worauf sie sich noch öfter an ihre Oberin und an den Priester wandte. Wenn wir sie dazu anhalten, um besondere Bußen zu bitten, dann gibt sie sich mit denen der Ordensregel zufrieden. Wenn wir versuchten, sie von ihrer Heiligkeit zu überzeugen, dann bekennt sie jedes Mal ihren Hochmut vor all ihren Mitschwestern. Diese Elende schlägt uns haushoch."

Während der Ekstasen schien Mirjam manchmal taub, manchmal stumm zu sein. Aber die Autorität brauchte ihr nur im Namen des heiligen Gehorsams zu befehlen: „Aus Gehorsam, reden Sie; aus Gehorsam, hören Sie", und Mirjam sprach und hörte.

Levitation in dem Wipfel einer Linde

So zahlreich sind die mystischen Gnaden, die in Mirjam zum Ausdruck kamen, dass man ein ganzes Buch darüber schreiben könnte, wenn man sie alle erläutern wollte. Für den heiligen Gehorsam in Verbindung mit dem ekstatischen Schweben gibt uns Mirjam einen weiteren meisterlichen Beweis:

Als sie im Karmel von Pau war, am 22. Juli 1873, bemerkten ihre Mitschwestern eines Abends ihr Fehlen beim Abendessen. Man begann sie zu suchen, und eine Novizin hörte sie im Garten singen: „Liebe! Liebe!" Als sie nach oben schaute, bemerkte sie Mirjam hoch oben im Wipfel einer Linde sitzen. Von der Novizin darüber in Kenntnis gesetzt, überzeugte sich die Oberin davon und war ganz ratlos. Nach einem Gebet sagte sie schließlich zu Mirjam: „Meine Schwester von Jesus dem Gekreuzigten, wenn Jesus es will, steige im Gehorsam herab, ohne zu fallen oder dir weh zu tun." Beim Wort „Gehorsam", immer noch in Ekstase, stieg Mirjam langsam, „mit strahlendem Gesicht", vom Lindenbaum herunter, wobei sie auf einigen Zweigen eine Pause einlegte, um weiter von der Liebe zu singen. „Kaum am Boden", berichtet eine der Schwestern, „und als ob sie unsere Mutter Oberin und uns andere Schwestern für die Angst, die wir ausgestanden hatten, entschädigen wollte, umarmte sie uns in einer Art Trunkenheit und mit einer unbeschreiblichen Liebe."

Am 25. Juli beobachtete eine Schwester, wie sie ihr Skapulier in die eine Hand nahm und mit der anderen Hand das Ende eines kleinen Zweiges an den Blättern ergriff. Dann glitt sie im Nu von außen bis zur Baumkrone hinauf. Oben angekommen, schwang sie sich auf einen kleinen Zweig und sang von der Liebe Gottes, während ihr Gesicht ganz verklärt war. Dann stieg sie wie ein Vogel, von Zweig zu Zweig herunter, mit Leichtigkeit und Bescheidenheit. Manchmal blieben ihre Sandalen oder ihr Rosenkranz an einem Ast hängen – als Andenken der Wunder der Liebe.

Was aber tat Mirjam in den höchsten Wipfeln? Nach ihren eigenen Worten unterhielt sie sich mit dem Lamm Gottes, das ihr die Hand gereicht und sie emporgehoben habe. Dieses Gespräch mit ihrem himmlischen Bräutigam erfüllte Mirjam mit Glück und Licht, wir können uns das leicht vorstellen. Sie war sofort bereit, es zu unterbrechen, sobald der Gehorsam es von ihr verlangte.

Ein Liebesgespräch mit Gott zu unterbrechen, um einer Oberin zu gehorchen, die vielleicht keinen triftigen Grund hat, dies zu verlangen? Wir erkennen bei Mirjam ein authentisches mystisches Leben. Die Mehrzahl der Heiligen hat Menschen gehorcht, die nicht einmal einen Bruchteil ihrer spirituellen Fähigkeiten besaßen. Hinter der Autoritätsperson sieht der Gehorsame die Hand des Vaters, der die Ereignisse nach Seiner göttlichen Weisheit leitet. Der Autorität gehorchen heißt Gott gehorchen. Wenn man aber diskutiert und von seiner eigenen menschlichen Weisheit und Logik überzeugt ist, verzögert man nur die Verwirklichung der Absichten des Vaters. Eines Tages sagte Jesus zu Mirjam: „Meine Tochter, der Gehorsam ist für die Seele das, was die Flügel für den Vogel sind."

Die Waffe der Nächstenliebe

Die dritte Waffe in diesem geistigen Kampf ist die Nächstenliebe: Mirjam legte ihr ganzes Leben lang eine tiefgreifende Nächstenliebe an den Tag, vor allem aber eine besonders große Liebe zum Herrn. Sie wurde getragen von einer unermessliche Liebe gegenüber den Seelen, die Jesus ihr anvertraut hatte.

Der Heiland, der sogar so weit ging, den Tod für jeden von uns zu erleiden, sieht deutlich unsere Seelen und den

Zustand der Sünde, in dem sie sich befinden. Mirjam hatte die Gabe erhalten, die Beleidigungen gegen Gott in den Seelen zu erkennen, die sie tief in ihrem Innern spürte. Sie brannte vor Verlangen, diese Seelen in Vereinigung mit ihrem Bräutigam Jesus, dem Heiland, zu retten. Ich habe bei vielen Heiligen festgestellt, dass es eines Tages „klick" gemacht hat und sie eine höhere Ebene der Nächstenliebe erreicht haben. Die Liebe zum Herrn brennt so sehr in dieser heiligen Seele, dass sie Leiden und Schmerzen nicht länger als Missgeschicke ansieht, vor denen man fliehen muss, sondern als willkommene und gesegnete Mittel, die man in den Dienst der Erlösung stellt.

In diesem Moment, wenn es klick macht, übernimmt Gott die Initiative. Das Zeichen dafür ist, dass die Leiden für die Seele sanfter werden, die Leiden werden zu einer zarten Freude. Nicht die Leiden an sich, das wäre Masochismus und daher eine Perversion. In der Tat ist das Leiden an sich immer ein Übel. Aber diese Menschen sind so sehr in der Liebe zu Jesus entflammt, dass alles, was zum Wirken Gottes gehört, zur Freude für sie wird, und zwar wegen ihrer Liebesvereinigung mit Ihm. Jesus in allem zu folgen, auf den Berg Tabor sowie auf Golgotha, das ist ihre Freude. Das ist die wahre Liebe, die reine Liebe! So rief Mirjam eines Tages aus: „Ich kann nicht mehr, die Liebe verbrennt mich, verzehrt mich, ich verglühe!"

Das ist, wie ich glaube, das Wesen der Nächstenliebe Mirjams. Sie erlebte in ihrer Seele die Leiden der Passion Christi, sie trug in ihrem Herzen Seine Wunden, sie erduldete Seine Qualen an ihrem Körper, und sie durchlebte dies alles voller Dankbarkeit! Sie liebte Jesus so sehr! All ihre Kreuze vereinten sie mit der erlösenden Liebe Christi.

So sind wir nicht überrascht, wenn wir bemerken, dass das Herz Jesu in ihrer Brust schlug. Da sie so eng mit dieser Quelle der Liebe verbunden war, verausgabte sie sich bis hin zur Erschöpfung im Dienst an ihren Mitschwestern, im Dienst an den Seelen. Im Jahr 1876 schrieb der Domherr Bordachar in sein Tagebuch: „In Pau, Marseille und Betlehem hat sie in wenigen Minuten Seelen vollständig bekehrt, die seit langer Zeit Gott abgekehrt waren und die kein Einfluss, keine Macht bisher aufrütteln und ihrem Unglauben und schlechten Gewohnheiten hatte entreißen können."

Hier sind einige Worte Mirjams über die Barmherzigkeit, wunderbar einfache, aber tiefgründige Worte, in der Ekstase gesprochen: „Übt viel Barmherzigkeit! So wie du den Weg für deinen Bruder bereitest, so wird ihn der Herr für dich bereiten. Wenn du Steine auf dem Weg deines Nächsten liegen siehst, dann entferne sie, ohne dass er es merkt. Wenn du eine Grube siehst, dann fülle sie, ohne dass er es bemerkt. Ebne seinen Weg [...] Wenn du durstig bist und jemand gibt dir Wasser, dann gib das Glas deinem durstigen Bruder, selbst wenn du durstiger bist als er. Sei versichert, dass der Herr dir aus Seiner Hand zu trinken geben wird." Sie wiederholte ständig ihren Mitschwestern: „Liebt eure Mitschwestern mehr als euch selbst!" Und zu ihrer Oberin sagte sie: „Lieben Sie die Lämmer, die Ihnen anvertraut sind, lieben Sie sie mehr als sich selbst."

Mirjam wurde auf übernatürliche Weise von der heiligen Theresia, der heiligen Magdalena, dem Propheten Elias und vielen anderen, ja sogar von der Mutter Gottes besucht, die sie ihr Leben lang unterrichtete. Die Jungfrau Maria bildete ihr Herz und nährte sie mit ihrer Weisheit.

Die blumige Sprache der Heimat

Da Mirjam aus Galiläa stammte, benutzte sie, wie es dort üblich war, sehr blumige Redewendungen. Sie war eine Dichterin, selbst in ihrem etwas chaotischen Französisch! Wenn sie des Himmels Lehren weitergab, trug sie diese in kleinen Parabeln vor. Sie bediente sich dabei der Bildersprache ihres täglichen Lebens. Das erinnert uns an die Bibel und einen anderen Galiläer: Jesus von Nazaret!

Hier ist eine der Geschichten, die sie ihren Mitschwestern gern erzählte: „Man muss auch Waffen beim Gebet haben und sich ihrer bedienen!" Daraufhin fragte eine ihrer Mitschwestern: „Aber welche Waffen brauchen wir für ein kontemplatives Gebet?" Mirjam erwiderte: „Kein Gebet ohne das kleine Beil! Wenn wir während des Betens abgelenkt werden, dann müssen wir den Fehler, das Hindernis mit einem guten Schlag ausrotten." Da fragte die Schwester: „Was ist das denn für ein kleines Beil?" – „Der gute Wille, das ist das kleine Beil!"

Folgende Parabel sollte man sich merken, weil sie Heilung für gequälte Seelen bedeutet: „Im Himmel sind das die schönsten Bäume, die am meisten gesündigt haben; sie haben sich ihrer Armseligkeiten bedient wie eines Düngerhaufens, der den Fuß des Stammes umgibt." Welch wunderbarer Einblick in die Barmherzigkeit Gottes! Selbst den allerletzten Sünder ermutigt Mirjam, auf die göttliche Barmherzigkeit zu vertrauen. Der Sünder versteht dann, dass Gott seine Sünde, ja gerade seine Sünde, in etwas Positives im Dienste des Lichtes verwandeln kann. Der Sünder ist aufgefordert, seine Sünde an die Wurzel des Baumes zu legen, wie man Dung auslegt, und der Baum wird dann schöne Früchte tragen.

Selbst über den Stolz spricht Mirjam in der Sprache der Hoffnung, sie erklärt, weshalb diejenigen, die von Natur aus sehr stolz sind, eine große Gnade besitzen: „Es gibt viele Heilige, die durch den Hochmut heilig geworden sind, denn sie haben ihn ihr ganzes Leben lang mühsam bekämpft und sich bestrebt, das Gegenteil von dem zu tun, was ihnen der Hochmut eingab. Wenn er sie antrieb, vorwärts zu gehen, gingen sie rückwärts, trieb er sie an, sich zu erheben, erniedrigten sie sich, wollte er ihnen die Augen öffnen, schlossen sie dieselben, wollte er sie zum Sprechen verleiten, schwiegen sie. Alles kommt vom Hochmut. Aber es ist ein großes Gut, wenn man einen Fehler zu bekämpfen hat: Das ist eine große Gnade!"

Mit anderen Worten: Jeder der hartnäckigen Fehler in unserem Wesen ist ein Zeichen dafür, dass der Herr uns gerade zur entgegengesetzten Tugend erziehen will. Großartig! Nur Jesus kann einen Weg finden, um aus dem Bösen etwas Gutes für uns erwachsen zu lassen.

Mirjam hat das Beispiel des Stolzes genommen, aber man kann das Gleiche auch vom Egoismus, von der Unreinheit oder vom Geiz sagen. Mirjam verwandelt alles im Licht des Heiligen Geistes, um ihre Mitschwestern zu ermutigen, um den Sündern Hoffnung zu geben, um den Niedergeschlagenen Freude zu schenken und um diejenigen, die unter Schmerzen leiden, aufzurichten.

Für die Menschen, die unter einer Krankheit leiden, hat Mirjam Worte, die wieder Frieden einkehren lassen. Sie beobachtete bei ihren Mitschwestern Eingebungen, die sie inmitten einer Krankheit den Frieden verlieren ließen: „Ach, wäre ich doch nur bei guter Gesundheit, dann würde ich dieses oder jenes für den Herrn tun, ich würde dieses oder jenes Werk für Gott vollbringen, dies alles zugunsten meiner Seele." Mirjam aber zeigt uns, dass uns der Herr inmitten unserer Krankheit etwas Wichtiges lehren will. Und wenn jemand um Heilung bittet, dann sollte das wirklich zur Ehre Gottes sein: „Mein Gott, wenn es Dein Wille ist, wenn das Wohl meiner Seele es erfordert, dann …!"

Durch das „Ich" geht die Welt zugrunde

Mirjams Denken war vollkommen auf Gott hin ausgerichtet und ganz mit Seiner Ehre beschäftigt. Nichts an ihr ähnelte einer Selbstbezogenheit, ganz im Gegenteil! Der Herr gestattete es sogar, dass sie sich der Gnaden nicht bewusst war, die durch sie geschenkt wurden. Sie betrachtete sich als die Geringste der Schwestern, als die Schlimmste der Sünderinnen, und sie war der Ansicht, dass ihre Mitschwestern sie aus großer Barmherzigkeit in ihr Kloster aufgenommen hatten. Es gab keinen Hauch von Selbstgefälligkeit an ihr.

Sie gibt in einer Ekstase eine ganz klare Unterweisung über das „Ich", über das berühmt-berüchtigte „Ego", das fünf Minuten nach uns stirbt: „Das Ich verdirbt die Welt Die das Ich besitzen, tragen Traurigkeit und Beklemmnis in sich. Man kann nicht das Ich und Gott zusammen im Herzen tragen. Wenn man das Ich hat, dann hat man nicht Gott; wenn man aber Gott hat, dann hat man nicht das Ich. Ihr habt nicht zwei Herzen, ihr habt nur eins Alles gelingt demjenigen, der das Ich nicht hat. Alles stellt ihn zufrieden. Wo das Ich ist, gibt es keine Demut, keine Sanftmut und keine Tugend. Man betet, man fleht, aber das Gebet steigt nicht zum Himmel, erreicht Gott nicht.

Wer das Ich nicht hat, hat alle Tugenden und den Frieden und die Freude." Diese Betrachtungen sind Worte der Weisheit!

Die Gabe der Herzensschau und der Erkenntnis

Mirjam wurde vom Herrn mit einer Gabe bedacht, die man die „Herzensschau" nennt. Wie können wir hier nicht an den heiligen Pfarrer von Ars oder an den heiligen Pater Pio denken! Wenn sie Sünder in ihren Beichtstühlen begrüßten, dann sahen sie im Grunde dieser Seelen gewisse Sünden, welche diese nicht zu beichten wagten. Die „Herzensschau" ist ein Charisma im Dienst der Barmherzigkeit Gottes. Im Laufe ihres Lebens hatte Mirjam mehrmals die Gelegenheit, dieses Charisma für ihre Mitschwestern und für Menschen, die dem Karmel nahestanden, und sogar für den Papst und für bestimmte Prälaten der Kirche einzusetzen.

Nennen wir ein Beispiel: Eine Novizin ihrer Ordensgemeinschaft zeigte Zeichen seelischen Unbehagens und innerer Furcht. Kurz gesagt, sie fühlte sich nicht wohl, und niemandem gelang es, den Grund dafür herauszufinden. Eines Tages sagte Jesus zu Mirjam: „Gehe zu Schwester Sowieso und sprich mit ihr wie ein Freund zu einem Freund." Der Herr offenbarte Mirjam, dass diese Schwester eine noch nicht gebeichtete Sünde begangen habe, eine schwere Sünde aus ihrer Vergangenheit. Ohne zu zögern ging Mirjam zu dieser Schwester und fragte sie: „Hast du wirklich alle Sünden in deiner Vergangenheit gebeichtet?" – „Aber ja", antwortete die Novizin in aller Ehrlichkeit, „jedenfalls habe ich nichts verheimlicht." Da sagte Mirjam zu ihr: „Und diese Sünde, hast du sie gebeichtet?" Die Novizin erschrak, und sie erkannte, dass sie in der Tat diese Sünde seit vielen Jahren verheimlicht, verdrängt und schließlich vergessen hatte. Sie bat sofort um einen Priester, um zu beichten, und fand danach ihren inneren Frieden wieder. Diese Sünde war so etwas wie die Wurzel ihres schweren seelischen Unbehagens gewesen.

Ich denke auch an bestimmte Visionen, die Mirjam hatte. Sie sah zukünftige Kriege, und dann bat sie ihre Gemeinschaft, viel zu beten. In ihren Visionen sah sie auch, wie einige Priester vom Glauben abfielen und wie andere von schrecklichen Versuchungen geplagt wurden. Sie sah auch den Absturz einiger Seelen.

Sehr präzise und konkret sah sie im Jahre 1869, wie unter den Vatikan drei Minen gelegt wurden. So konnte sie mit Genehmigung ihrer Oberin davor warnen. Man fand zwei Minen, die dritte blieb unentdeckt. Ein Monsignore reiste extra nach Pau, um Mirjam danach zu befragen. Sie erklärte, dass sie in den vatikanischen Gärten zu finden sei, dort, wo sich der Heilige Vater bei seinen Spaziergängen immer ausruhte. Ihre Aussage bestätigte sich und ein schweres Unglück konnte verhindert werden. Deshalb hörte man auch später, als Mirjam andere Botschaften vom Herrn übermittelte, sowohl in Rom als auch im Karmeliterorden allgemein immer auf sie. Man hatte ja den Beweis gehabt, dass ihre Eingebungen tatsächlich von Gott kamen.

Hier ist es angebracht, den Geist zu unterstreichen, der Mirjam die Eingebung gab, dieses Charisma der Erkenntnis zu nutzen. Mirjam hat nie die Zukunft im Voraus wissen wollen. Sie hat auch nie versucht, aus reiner Neugierde zukünftige Ereignisse aufzudecken oder Gottes Geheimnisse zu lüften. Manche Einsichten wurden ihr anvertraut, ohne dass sie danach gefragt hätte. Im Übrigen hat sie auch nie akzeptiert, dass man sie aufsucht, wie man eine Wahrsagerin, einen Astrologen oder eine Kartenlegerin aufsucht. Mirjams Gabe entsprach einfach einer Woge der Liebe im Dienste der Ehre Gottes.

Und wenn sie manchmal vorhersah, was geschehen sollte, dann nur, um den Seelen zu helfen, treu zu sein und sich immer mehr Gott hinzugeben. Nachdem sie die Botschaft weitergegeben hatte, trat sie ganz hinter den Inhalt ihrer Vorhersage zurück, geradeso wie die Propheten der Bibel. Das Wort durchdringt den Propheten und erreicht das Volk. Ein Prophet ist nur ein Bote, ein Diener dieses Wortes.

Das unterscheidet sich sehr von der moderne Mentalität, die darin besteht, alles über die Zukunft wissen zu wollen, um planen zu können oder auch nur aus reiner Neugierde. Ich glaube, dass diese Gier nach Information daher kommt, dass man glaubt, keinen Vater mehr zu haben. Viele unserer Zeitgenossen verhalten sich wie Waisenkinder. Und sie leiden wie Waisenkinder! Ein Kind, das einen Vater hat, vertraut. Und der Vater führt sein Kind nach und nach, Schritt für Schritt in die Dinge des Lebens ein. Mirjam lehrt uns, wie wir uns ganz auf den Vater im Himmel verlassen können, der alle unsere Bedürfnisse kennt, wie wir es ja auch von Jesus in der Heiligen Schrift erfahren haben. Auf diesem Gebiet ist Mirjam eine Vorläuferin der heiligen Theresia von Lisieux. Dieser Weg der Hingabe und des Vertrauens, den uns die heilige Theresia mehrere Jahre später als den „kleinen Weg" lehren wird, wird bereits durch die Botschaft Mirjams vorbereitet.

Libanon, Jerusalem und Frankreich

Übrigens, Mirjam hat diese Gabe der Prophezeiung auch in bestimmten Ländern genutzt. Nehmen wir z. B. den Libanon. Mirjam stand dem Libanon sehr nahe, da sie dort ihre familiären Wurzeln hatte. Sie war eine waschechte Tochter des Nahen Ostens! Und der Herr offenbarte ihr die vielen und schweren Leiden, die auf den Libanon warteten. Ich möchte hier nur einige Stellen aus ihren Prophezeiungen zitieren, denn es ist ergreifend, heute zu erkennen, wie sehr sich diese Prophezeiungen bewahrheitet haben.

Mirjam prophezeite über Beirut: „Über Beirut", sagt sie, „habe ich auch etwas gesehen, es ist eine Wolke, die über der Stadt schwebt. Sie ist rot, grün und schwarz." Man muss hier anmerken, dass es zu dieser Zeit die Nationalflagge Syriens in eben diesen Farben noch nicht gegeben hat. Sie fuhr fort: „Ich rieche Blut, überall ist der Geruch von Blut um mich herum, als komme er von einer Leiche. Ich sehe im Libanon Zisternen voller Blut." Und dann fügte sie noch hinzu: „Trotz allem fühle ich in meinem Innern eine Freude, die ich nicht beschreiben kann." Trotz all dieser Offenbarungen, trotz der Widerwärtigkeiten und des Elends, die dem Land bevorzustehen schienen, empfand Mirjam eine tiefe geistige Freude als Vorbote dafür, dass ein Sieg vorbereitet und dass der Herr dieses Land retten werde.

Mirjam sprach auch über Jerusalem: „Ich habe über Jerusalem einen Feuerball gesehen. Es scheint mir, als sei er bereit herunterzufallen. Nur das Gebet kann ihn aufhalten."

Dann spricht Mirjam über Frankreich. Seit ihrem Aufenthalt im Karmel von Pau und ihrer Reise nach Marseille hat der Herr eine unermessliche Liebe zu Frankreich in ihr Herz gelegt. Sie vergleicht Frankreich mit einem Rosenstock im Garten des Herrn. Jesus hat ihr viel über diesen Rosenstock erzählt. Mirjam sagte, dass man ihn mit drei Gartenscheren beschneiden werde. Nur ein Zweig werde übrig bleiben, und durch diesen einen Zweig werde Gott große Dinge bewirken. So sagte sie die französische Niederlage von 1870 im deutsch-französischen Krieg voraus. Im Auftrag des Herrn mahnte sie: „Frankreich, bitte um Vergebung, bitte um Vergebung!"

Im Jahre 1874 spricht Mirjam von einem fürchterlichen Morden, doch Frankreich werde nicht unterliegen: „Frankreich hat zu viel Gutes in den Missionen getan, als dass der Herr es im Stich lassen würde. Frankreich wird heilig werden, aber jetzt verdient es die Heiligkeit noch nicht. Wenn die Menschen beten und sich bekehren, dann wird die Prüfung leicht sein. Wenn nicht, dann werden sie immer tiefer fallen." Und Mirjam sagte über den Herrn: „Er wird seine wahre Wonne im Schoße Frankreichs haben." Aber Jesus teilte ihr mit: „Bevor dies geschieht, muss Frankreich durch ein Sieb gehen, Frankreich muss zum Nichts reduziert werden, damit Ich an der Spitze der Armeen stehen kann, sodass alle Nationen zueinander sagen können: ‚Wahrlich, es ist der Allerhöchste, der an der Spitze Frankreichs steht!' Alle werden es herausschreien, alle wie aus einem Mund, mit einer einzigen Stimme und in gleicher Tonlage, selbst die Ungläubigen."

Im Klartext ist es ganz einfach so, dass Gott, bevor Er ganz Frankreich rettet, darauf wartet, dass es mit ganzem Herzen zu Ihm ruft. Ich glaube, dass Mirjam in dieser Botschaft das ausgedrückt hat, was schon andere Propheten über Frankreich sagten. Marthe Robin besispielsweise hatte ihrem geistigen Vater, dem Pater Finet, anvertraut, dass Frankreich sehr tief fallen werde, tiefer als die anderen Nationen. Dann, wenn es zerstört am Boden liege, werde es nach Gott rufen, und die heilige Jungfrau werde es retten. Es werde dann seine Aufgabe als „älteste Tochter der Kirche" wiederfinden und erneut Missionare in die ganze Welt schicken.

Mirjam will, dass Frankreich wirklich Gott gehört, denn der Herr hatte doch zu ihr gesagt: „Alles, was nicht Gott gehört, wird weggefegt werden." Und was für Frankreich gilt, gilt selbstverständlich auch für den Rest der Welt. Das können wir schon in der Heiligen Schrift lesen: *„Jede Pflanze, die nicht mein himmlischer Vater gepflanzt hat, wird ausgerissen werden"* (Mt 15,13). Frankreich sollte mit einer ernsthaften Gewissenserforschung beginnen, bevor die Gartenscheren kommen!

Eine Liebkosung Gottes inmitten von Kochtöpfen

Ich will dem Heiligen Vater Johannes Paul II. danken, dass er dieses kleine, demütige Bauernmädchen aus Galiläa im Jahr 1983 seliggesprochen hat. Sie war zu uns gekommen, um uns in ihrer kindlichen Sprache daran zu erinnern, dass die Geheimnisse Gottes den Kleinen offenbart werden. Eine Seele, die ganz in Gott aufgeht, kennt Gott. Vom ersten Augenblick ihres Lebens an hatte Mirjam Einblick in die überirdischen Realitäten, sie hat das geistige Leben intuitiv verstanden. Mirjam lebte mit Gott, und in ihrem Leben berührten sich Himmel und Erde wie eine Liebkosung Gottes. Mirjam erlebte dies inmitten ihrer Kochtöpfe, ihrer Arbeitsgeräte, inmitten der demütigendsten, verborgensten, ja selbst der schwierigsten Verrichtungen.

Mirjam war wirklich das kleine Kind, das in seiner natürlichen Armut die Geheimnisse Gottes erfahren hat. Sie ist für uns zur Zeugin des Unsichtbaren geworden, um heute zu uns zu sprechen, und ich glaube, gerade weil sich unser Jahrhundert von den Mysterien Gottes trennen und ohne Ihn leben will. Unsere Gesellschaft will alles durch die Wissenschaft, sie will den Menschen durch psychologische Weisheiten erklären. Sie ist außerdem fixiert auf die Suche nach Wohlbefinden, dies versetzt sie jedoch in die Qualen des Unwohlseins! Sie will den Menschen in eine zweifelhafte Spiritualität stürzen, wie z. B. in das New Age, das die Inkarnation Gottes als ein Grundprinzip leugnet.

Mirjam lebte mit den Engeln. Sie lebte mit der Jungfrau Maria, und sie hat sich von oben unterrichten lassen. Immer wieder, wenn ich die Gelegenheit dazu hatte, über sie zu sprechen, sowohl in Ordensgemeinschaften als auch mit Jugendlichen, war ich über etwas verblüfft: Mirjam berührt geradewegs das Herz!

Sie öffnet die Fenster unserer Gefängnisse

Ihre Worte sind sehr einfach, und deswegen treffen sie tief ins Herz. Ich erinnere mich an einige Jugendliche, von denen ich Folgendes dachte: „Schade, ich werde ein bisschen schnell über alle mystischen Gnaden Mirjams hinweggehen müssen. Es ist eine Sprache, die sie nicht verstehen; sie werden nichts davon begreifen und alles wieder vergessen." Im Gegenteil, zu meiner großen Überraschung stellten sie mir genau darüber tausend Fragen.

Diese jungen Menschen sind Opfer einer wahren Verschwörung des Schweigens seitens der Erwachsenen, des Schweigens über diese Wirklichkeiten unseres Glaubens, insbesondere über den Sinn unseres Lebens auf Erden und über unsere Bestimmung. Sie haben in der Tat einen unendlichen Durst nach der Wahrheit, der ungeschminkten Wahrheit, und sie rechnen es Mirjam hoch an, dass sie kein Blatt vor den Mund nimmt.

Im Abendland wollen wir nicht mehr über Gott, über die Dinge Gottes, über das Wort Gottes sprechen. Und noch weniger wollen wir über den geistigen Kampf sprechen, den wir führen müssen, um zu vermeiden, dass wir vom Bösen besiegt werden. Wir fürchten uns vor den Meinungen anderer. Es ist Satan gelungen, uns Furcht einzujagen, eine Furcht, nicht alles so wie die anderen zu machen, eine Furcht, anders zu sein. Das aber ist reine Sklaverei! Die Jugendlichen dürsten mehr denn je danach, diese Wirklichkeiten eines Lebens mit Gott kennenzulernen, weil sie ohne sie aufgewachsen sind. Und so verkümmern sie langsam, weil ihnen geistige Perspektiven fehlen. Sie sterben geradezu daran. Und ich danke Gott, dass Er Mirjam nach über einem Jahrhundert des Schweigens in unserer Zeit wieder hervorgeholt und bekannt gemacht hat, denn sie kommt, um die Fenster unserer Gefängnisse zu öffnen und um unsere Stahltüren einzuschlagen. Und es ist, als ob sie uns mit ihrem klaren Stimmchen heute sagen wollte: „Was aber Gott betrifft, so ist es ganz einfach! Er ist da! Hört auf Seine Stimme, dann werdet Ihr nicht sterben, ihr werdet leben!"

Mirjam, wir danken dir! Wenn wir dein Leben betrachten, können wir erkennen, dass deine Worte wahr sind.

Der Karmel von Betlehem

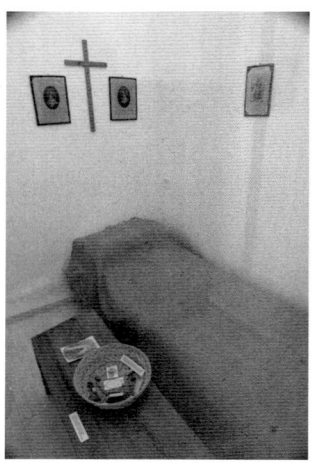

Jésus est mon amour et
ma joie, et sa croix est
mon plaisir et ma paix.
Mon cœur brûle nuit et
jour de posséder le
Dieu d'amour.
à machère Sr agnès
Sr Marie de Jesus
crucifié.

Klosterzelle Mirjams   **Brieflein in Originalschrift**

Wisse aber Folgendes: Dein Werk ist noch nicht vollendet.
Bete für uns vom Himmel droben und komm uns zu Hilfe,
wie du deinen Mitschwestern im Karmel und den Armen,
die an die Tür deines Herzens geklopft haben, geholfen
hast. Wir geben uns nicht mit weniger zufrieden!

Zitate und Ratschläge von Mirjam

- Habt viel Liebe! Wenn eines eurer Augen etwas sieht, was nicht gut ist, schließt das andere! Wenn ein Ohr etwas Böses hört, schließt schnell das andere! Wenn es die Hand ist, verbergt die andere; ist es ein Fuß, so zieht den anderen zurück!
- Liebe den Nächsten, dann liebst du Mich, diene dem Nächsten, dann dienst du Mir! Daran werde Ich erkennen, dass du Mich wahrhaft liebst. – Schaut nicht auf den Nächsten, ohne auf den Herrn zu schauen, sonst werdet ihr in eine tiefe Grube stürzen!
- Ich bin in Gott, und Gott ist in mir. Ich fühle, dass alle Geschöpfe, die Bäume, die Blumen, dass alles Gott gehört und auch mir. – Ich wünschte mir ein Herz, das größer sei als die Welt.
- Ohne Maria wären wir verloren. Der Feind gräbt überall Löcher, Maria aber sorgt sich mehr um uns als die beste Mutter.
- Wenn Jesus auf Seine Auserwählten schaut, dann schmilzt das Herz unter Seinem Blick. Ach, welch ein Blick!
- Es ist süß, von Jesus reden zu hören, aber viel süßer noch, Jesus selbst zu hören! Es ist süß, an Jesus zu denken, aber viel süßer ist es, Ihn zu besitzen. Es ist süß, Jesus Gehör zu schenken, aber viel süßer ist es, Seinen Willen zu tun!
- Hab acht auf die kleinen Dinge: Alles ist groß vor dem Herrn!
- Nur die Liebe kann das Herz des Menschen zufrieden

stellen. Der gute Mann ist mit Liebe und ein klein wenig Land zufrieden, während der böse Mann selbst mit all seinen Freuden, Ehren und Reichtümern, die er ansammelt, immer nach mehr hungert und dürstet und nie zufrieden ist.

- Gebt euch Mühe, ein ruhiges Herz zu bewahren, denn Satan fischt gern in trüben Wassern. Es ist mein Wunsch, dass ihr den inneren Frieden bewahrt. Achtet nicht auf Ängste und Skrupel. Tut, was ihr könnt, und nehmt demütig an, was ihr nicht könnt. Verzehrt alle eitlen Sorgen, die ich Torheiten nenne, im Feuer der Liebe. (Mirjam beteuert mit Gewissheit, von wem sie diese Botschaft hat: „Vom Kind von Betlehem".)

- Der Herr mag es nicht, wenn wir einen Teil unserer Opfer zurücknehmen. Gib Ihm alles!

- Seid klein. Seid und bleibt klein, damit die Mutter euch unter ihre Flügel nimmt! Wie die Henne ihre Kleinen hütet und sie fortjagt, wenn sie groß geworden sind! – Seid klein, klein, Jesus wird euch beschützen! Seht die Henne und ihre Küken: Solange sie klein sind, gibt sie ihnen mit ihrem Schnabel zu essen, sie verbirgt sie unter ihren Flügeln: Es fehlt ihnen an nichts. Seid klein, der Herr wird euch hüten, Er wird euch zu essen geben!

- Heute Morgen war ich besorgt, denn ich fühlte Gott nicht. Mein Herz schien mir aus Eisen zu sein. Ich war unfähig, an Gott zu denken; so rief ich zum Heiligen Geist. Ich sagte: „Du bist es, der uns Jesus erkennen lässt. Die Apostel blieben lange Zeit bei Ihm, ohne Ihn zu verstehen, aber ein Tropfen von Dir genügte, und sie verstanden Ihn. Auch mir wirst Du Verständnis für Ihn geben. Komm, mein Tröster! Komm, meine Freude! Komm, mein Friede, meine Stärke, mein Licht!"

- Gott ist verborgen in der Frucht wie die Apfelkerne in einem Apfel. Öffne einen Apfel und du wirst fünf Kerne in der Mitte finden. Ebenso ist Gott im Herzen der Menschen verborgen. Er ist dort durch das Mysterium Seiner Passion verborgen, was durch die fünf Apfelkerne ausgedrückt wird. Gott hat gelitten und der Mensch muss leiden, ob er will oder nicht. Wenn er in Liebe mit Gott vereint leidet, dann wird er weniger leiden und sich viele Gnaden erwerben. Die fünf Kerne, die sich in seinem Herzen befinden, werden aufgehen und reiche Früchte bringen. Wenn er aber die Prüfungen ablehnt, dann wird er mehr zu leiden haben, ohne dadurch irgendwelche Gnaden zu erwerben.
- Jesus sagte: „Sünder, Ich frage euch nicht, weshalb ihr gesündigt habt, sondern, warum ihr euch nicht bekehrt."

Worte für Ordensschwestern

- Wenn jedes der Lämmer sich als das Geringste betrachtet, dann wird die heilige Jungfrau mit ihm sein. Befolgt das Wort Jesu. Werdet nie mutlos. Satan wird kommen, wütend, um euch zu versuchen, hört aber nie auf ihn. Hört immer auf den Hirten. Niemals, niemals hört auf Satan, er ist eifersüchtig. Wenn er kommt, dann seid demütig. Wenn Jesus ihm erlaubt, euch zu versuchen, dann geschieht das nur, um euch wachsen zu lassen.

- Mögen die Lämmer immer dem Hirten gehorchen. Mögen sie sich gegenseitig immer lieben. Mögen sie allezeit Demut und Barmherzigkeit üben. Satan ist auf euch eifersüchtig, werdet nie mutlos. Folgt dem Hirten. Satan mag keine Barmherzigkeit. Er wird versuchen, euch gegeneinander aufzuwiegeln. Umarmt einander, dann wird er euch verlassen.

- Satan wird euch versuchen, seid aber stärker als Satan. Versuchungen sind gut für euch. Sie sind wie Wasser, das euch für Jesus reinwäscht. Die stärkste Versuchung ist wie warmes Wasser, das euch am besten reinigt.

- Staub und Asche! Heute auf der Welt und morgen vielleicht schon tot! Und während dieses kurzen Augenblicks unseres Daseins wagen wir es, Dich zu beleidigen! O mein Gott, hab Erbarmen mit uns!

- Lasst euch sagen, bleibt demütig! Freut euch, wenn man euch verachtet; freut euch, denn ihr seid unter dem Mantel des Herrn! Und wenn ihr geschätzt, geehrt seid, weint blutige Tränen, denn der Feind wird kommen, euch zu berauben. Euer Herz soll vor Freude jauchzen, wenn ihr verachtet seid! Was nützt es, wenn die ganze Welt euch ehrt und der Feind im selben Augenblick kommt und euch fortschleppt? Die Diebe stehlen nicht bei den Armen, sondern bei den Reichen!

- Ich frage den Himmel, die Erde, das Meer, die Bäume, ja alle Geschöpfe: „Wo ist Jesus?" Und alle antworten mir einstimmig: „In einem gerechten und demütigen Herzen!"

- Kleine Lämmer, liebt den, der euch schlägt und nicht den, der euch küsst. Wenn du dich verteidigst, da man dich schlägt, wirst du alles verlieren; aber wenn du den küsst, der dich schlägt, wird der Herr gnädig auf dich schauen!

- Satan ist eifersüchtig; er versucht, uns mit allen Mitteln den Glauben zu rauben, die Seelen zu Fall zu bringen. Fürchtet nichts! Selbst wenn man den Glauben nicht fühlt, muss man in Demut und Vertrauen leben. Wenn wir den Glauben nicht fühlen und nur immer vorwärts schreiten trotz unserer Seufzer und Tränen, ertragen wir ein gar verdienstreiches Martyrium, vorausgesetzt, dass wir immer auf Jesu Seite bleiben.

- Wenn eine Novizin Wunder wirkt und fügt sich nicht, oder wenn sie eine Million gebracht hat und wollte in der Folge auch nur über ein Bild verfügen oder ihr Herz daran hängen, dann schickt sie fort mit allem, was sie gebracht hat, sagt die Mutter Theresia.

- Kümmert euch weder um die Schwächen noch um die Verfehlungen der Mitschwestern. Behaltet für euch das Schwierigste und Unangenehmste, um sie zu erleichtern. Denkt immer Gutes über andere und entschuldigt sie. Wenn eine Schwester Öl verschüttet, dann denkt, dass sie sich gerade in Gott verloren hat, nehmt dann einen Lappen und wischt das Verschüttete auf.

- An die Oberin: Seien Sie ohne Furcht. Wenn eine Schwester zu Ihnen kommt, um Ihnen zu sagen „Mutter Oberin, beim Gebet sah ich Unsere Liebe Frau, ich sah Jesus, sie sagten mir dieses und jenes", dann sagen Sie zu dieser Schwester: „Meine Tochter, machen Sie das Beste aus dem, was Sie gesehen und gehört haben. Diese Gnade soll Früchte tragen. An den Früchten werden Sie erkennen, ob es Wirklichkeit oder nur eine Illusion war." Wenn die Schwester zufrieden ist, mit dem, was Sie ihr auf diese Weise gesagt haben, dann können Sie sich sagen: „Ja, das war höchstwahrscheinlich von Jesus." Wenn sie aber traurig weggeht, dann können Sie sich sagen: Es war Satan.

- Zu einem Priester, der kritisiert wurde: „Lassen Sie sie reden, lassen Sie sie alles sagen, was sie wollen. Gott ist Gott! Selbst wenn sich Himmel und Erde aufmachen würden, um eine Seele, die zu Gott hält, ins Wanken zu bringen, so könnten sie doch nichts ausrichten."

- Ihr Lämmlein, Satan wird sich in den Engel des Lichtes verwandeln. Wenn ihr ein wenig aufmerkt, werdet ihr ihn immer erkennen, denn er sucht durch seine Lobsprüche euch Hochmut einzuflößen. Demütigt euch! Sagt: „Ich bin nur ein Nichts, ich verdiene keine Gnade", dann wird er weichen.

- Lieben genügt nicht; lieben und arbeiten, das ist erst alles! Lieben, das ist der Same; arbeiten heißt keimen, treiben und Frucht bringen.

- Als jemand Mirjam fragte, was man tun müsse, um die Liebe zu besitzen, bückte sie sich, hob ein Staubkörnchen auf und sagte: „Du musst so klein werden wie dieses.

Die Obduktion von Mirjams Körper

(Zeugnis von Monsignore Valerga, dem Neffen des Patriarchen von Jerusalem)

„Einige Stunden nach ihrem Tod kam ein gewisser Herr Carpani, der praktizierender Arzt war, um ihr Herz zu entfernen. Nachdem das Herz herausgenommen worden war, wurde es auf ein Tablett gelegt, wo alle es untersuchen konnten. Ich war mit Don Belloni, Don Emilio, Don Teofilo, Don Giovanni Marta und Don Ricardo Branca anwesend. Wir alle konnten bestätigen, dass das Herz eine Wundnarbe aufwies, die von einer großen Metallklinge verursacht worden war. Alle Priester und Ordensfrauen, die anwesend waren, konnten diese wunderbare Tatsache bestätigen.

Wir konnten auch bestätigen, dass die Schwester an den Füßen und Händen Narben von Wunden hatte, die wie Löcher aussahen. Zu diesem Thema versicherte mir Don Belloni, der Beichtvater von Schwester Mirjam von Jesus dem Gekreuzigten, dass, wenn man zu ihren Lebzeiten eine ihrer Hände zum Licht hochhielt, das Fleisch an der Stelle der Stigmata durchsichtig schien.

Wir konnten auch die sichtbaren Umrisse einer großen Wunde an ihrem Hals bestätigen. Schwester Cyprienne erzählte mir, dass Schwester Mirjam von Jesus dem Gekreuzigten, als sie in Alexandrien lebte, am Hals mit einer scharfen Waffe von einem Bösewicht geschlagen worden war, der sie dann in einen Graben warf, wo sie gestorben wäre, wenn die heilige Jungfrau sie nicht aus dieser Gefahr errettet hätte."

Lebensdaten von Mirjam

1846   5. 1.: Mirjam wird in Abellin in Palästina geboren
        15. 1.: Taufe und Firmung
1849   Tod ihres Vaters und ihrer Mutter
1854   Beichte und 1. Heilige Kommunion. Danach zieht
        sie mit der Familie ihres Onkels nach Alexandrien
1858   Sie weigert sich, zu heiraten
1859/60 Dienstmädchen in Alexandrien, Jerusalem, Beirut
1863   Angestellte bei der Familie Najiar in Marseille
1865   Sie tritt den Schwestern vom Heiligen Josef der
        Erscheinung in Marseille bei
1867   Sie tritt in das Karmeliterkloster in Pau ein, Einklei-
        dung dort am 27. Juni
1870   21. 8.: Sie reist nach Mangalore
1871   21. 11.: Sie legt ihre ewigen Gelübde ab
1872   Sie kehrt ins Karmeliterkloster zu Pau zurück
1875   20. 8.: Sie reist nach Palästina
1876   Grundsteinlegung für das Kloster in Betlehem
1878   April/Mai: Reise nach Emmaus, zum Berg Karmel,
        nach Abellin, nach Nazaret, zum Berg Tabor und
        Betlehem
        22. 8.: Sie fällt und bricht sich den Arm, Wundbrand
        26. 8.: Sie stirbt bei Tagesanbruch
1983   13. 11.: Mirjam wird von Johannes Paul II. in Rom
        seliggesprochen. Ihr Festtag ist der 26. August

Bibliografie

Amédée Brunot, *Mariam, the little Arab: Sister Mary of Jesus Crucified (1846–1878)*, Eugene, Oregon. Veröffentlicht von Carmel of Maria Regina, 1984

Denis Buzy, SCJ, *Life of the Servant of God, Sister Mary of Jesus Crucified: Carmelite Lay-Sister who died in the Odor of Sanctity in the Bethlehem Convent (1846–1878)*. Veröffentlicht in London: Sands, 1926
Ders., *Thoughts of Sister Mary of Jesus Crucified*, ocd.

Pierre Estrate, *Mariam, Sainte Palestinienne ou la Vie de Marie de Jésus Crucifié*, Nouv. éd. ed. Paris: P. Téqui, 1999.

Foundress of the Carmel of Bethlehem, Jerusalem 1975. New Edition Jerusalem 1997

Ihre Briefe wurden 2011 von Editions du Carmel auf Französisch veröffentlicht

Benedikt Stolz, *Mirjam von Abellin – Flamme der göttlichen Liebe*, Miriam-Verlag, 2013

Blick in den Garten
des Klosters auf dem
Berg Karmel

Mirjam inmitten ihrer Mitschwestern (hintere Reihe,
Zweite von links)

Basilika der
Verklärung
Christi auf dem
Berg Tabor am
Ostrand der
Jesreel-Ebene

Mirjam von Abellin
Flamme der göttlichen Liebe
Benedikt Stolz OSB
Ausführliche Biographie der seligen Mirjam.
Auf Basis der Akten ihrer Seligsprechung
zeichnet der Autor das Charakterbild ihrer Tu-
genden. Er schöpft aus den von ihr überlieferten
Aussprüchen und Visionen, wobei er auch auf
ihre übernatürlichen Gaben (Stigmatisation,
Levitation, Visionen und Einsprechungen) ein-
geht. *432 Seiten, broschiert*

Seliger Engelbert Kolland OFM
Märtyrer in Damaskus
P. Gottfried Egger OFM
Diese Kurzbiographie zeichnet den Lebensweg
des Franziskanerpaters Engelbert Kolland nach.
Aufgewachsen im Zillertal, wurde er 1855 von
Südtirol ins Heilige Land geschickt. 1860 starb
er während eines Aufstandes den Märtyrertod.
1926 wurde er in Rom von Pius XI. seliggesprochen. Mit Novene, Litanei und Zeittafel im An-
hang. *46 Seiten, geheftet*

Theresia von Lisieux
Rose in der Wüste
Ingeborg Obereder
Die tiefe Wärme, die die Person der „kleinen
Theresia" ausstrahlt, spiegelt sich besonders
schön in den vielen Zitaten aus ihren Tagebü-
chern. Für alle, die auf der Suche nach Gott
sind, wird Theresia uns auf unserem Weg be-
gleiten. *112 Seiten, broschiert*

Wunder geschehen wirklich
Sr. Briege McKenna
Als junge Ordensfrau erfährt Sr. Briege eine
wunderbare Heilung. Kurz darauf schenkt ihr
Jesus die Gabe der Heilung. Welche Wunder
sie dabei erlebte, schildert Sr. Briege in diesem
Buch. *224 Seiten, broschiert*

Bruder Andreas
Diener des hl. Josef
P. Josef-Ludwig Sattel
Der hl. Bruder Andreas (1845–1937) diente fast 40 Jahre lang als Pförtner in der Genossenschaft vom Hl. Kreuz in Montreal. Mit seinen Charismen der Krankenheilung und Seelenschau heilte er durch die Vermittlung des hl. Josef Tausende von Kranken und wies vielen Menschen den Weg zu Gott.
96 Seiten, broschiert

Bruder Franz und Schwester Klara
Zwei eucharistische Heilige
P. Gottfried Egger OFM
Reich illustriertes Werk, das die tiefe eucharistische Spiritualität dieser bekannten Heiligen aufzeigt. Nach einer Kurzbiographie entfaltet der Autor die eucharistische Lehre auf Grundlage der noch erhaltenen Briefe des hl. Franziskus.
160 Seiten, broschiert

Verehrt den heiligen Josef
Marie-Therese Isenegger / Ferdinand Holböck
Alle Verehrer des hl. Josef finden in diesem Buch eine Fülle von Gebeten, Andachten und Novenen. Die Anfänge und die Entwicklung der Verehrung des hl. Josef werden beschrieben, ebenso Erlebnisse. Mit zahlreichen Zitaten von Kirchenlehrern, Heiligen und Theologen.
271 Seiten, broschiert

MiriaM-Verlag
Brühlweg 1 · D-79798 Jestetten
Telefon: 0049 (0) 77 45 / 92 98 - 30
Fax: 0049 (0) 77 45 / 92 98 - 59
E-Mail: info@miriam-verlag.de
Internet: www.miriam-verlag.de